• 国家社会科学基金一般项目"数字经济下企业开放式创新的价值共创机制与协同治理研究"（21BGL068）

数字经济下

企业开放式创新的

价值共创机制与协同治理研究

张华◎著

四川大学出版社
SICHUAN UNIVERSITY PRESS

图书在版编目（CIP）数据

数字经济下企业开放式创新的价值共创机制与协同治
理研究 / 张华著. -- 成都：四川大学出版社，2025.
5. -- ISBN 978-7-5690-7769-8

Ⅰ．F279.23

中国国家版本馆 CIP 数据核字第 2025A2F683 号

书　　名：数字经济下企业开放式创新的价值共创机制与协同治理研究
　　　　　Shuzi Jingji xia Qiye Kaifangshi Chuangxin de Jiazhi Gongchuang
　　　　　Jizhi yu Xietong Zhili Yanjiu
著　　者：张　华

选题策划：梁　平　叶晗雨
责任编辑：梁　平
责任校对：叶晗雨
装帧设计：裴菊红
责任印制：李金兰

出版发行：四川大学出版社有限责任公司
　　　　　地址：成都市一环路南一段 24 号（610065）
　　　　　电话：（028）85408311（发行部）、85400276（总编室）
　　　　　电子邮箱：scupress@vip.163.com
　　　　　网址：https://press.scu.edu.cn
印前制作：四川胜翔数码印务设计有限公司
印刷装订：成都金龙印务有限责任公司

成品尺寸：170 mm×240 mm
印　　张：13
字　　数：247 千字

扫码获取数字资源

版　　次：2025 年 5 月 第 1 版
印　　次：2025 年 5 月 第 1 次印刷
定　　价：68.00 元

四川大学出版社
微信公众号

前　　言

随着新一代数字技术的快速发展，数字经济正在重塑世界经济版图，成为引领我国经济增长的新动能。数字经济依托开放共享与高效利用的数据资源，推进创新主体间的互联互通，有效实现数字技术对实体经济的全方位、全链条赋能，并为我国技术创新带来新的战略机遇。党的二十大报告将"加强企业主导的产学研深度融合，强化企业科技创新主体地位，发挥科技型骨干企业引领支撑作用，营造有利于科技型中小微企业成长的良好环境"作为实现"高水平科技自立自强"的战略举措。那么，在数字经济背景下如何激励企业、学研机构（大学及科研院所）、中介组织与用户等主体的技术创新便成为理论研究亟待解决的重要问题。

数字经济时代，创新主体间的连接方式、资源配置与合作模式都发生了颠覆性变革，并在过程与结果上对技术创新范式产生了深远影响，传统上依靠企业自身资源与能力的封闭式创新正逐渐被开放式创新取代。作为一种新颖的技术创新范式，开放式创新（open innovation）鼓励企业摒弃对知识的垄断与控制等陈旧观念，主张将外部知识与内部知识置于同等重要的战略地位，通过组织间的知识转移促进合作研发（如产品、服务、业务流程与商业模式创新等）与知识价值转化（如技术转让、专利许可与产权交易等），是数字经济时代企业实现可持续发展的重要手段。数字经济的深入普及不但可以增进企业与外界的互联互通，激活组织间的知识转移与价值创造，而且可以为企业整合与利用内外部知识、扩大创新收益提供丰富的实践途径，使开放式创新成为塑造并维持企业竞争优势的重要战略活动。然而，数字经济为企业技术创新注入动力源泉的同时，也在诱发算法歧视、数据操纵与信息滥用等新型机会主义行为，产生知识泄露、产权纠纷、利益冲突与拒绝适应等跨组织合作风险，并成为制约开放式创新实践的主要障碍。尽管一些学者已对开放式创新的合作风险提出警示，但相关研究尚处于起步阶段，对数字经济下开放式创新的新问题与新现象缺乏深入探讨。如何在数字经济下有效促进跨领域知识转移、改善多元创新主体间的合作效率仍是一个具有挑战性的话题。鉴于此,本研究基于知识基础观、价值共创、交易成本等理论,从数字赋能与知识转移的二元视角,考察企业在数字经济下实施开放式创新的价值共创机制,分析多元创新主体间合作风险的表现与成因,探究组织间协同治理与价值共创机制的组态效应对开放式创新绩效的影响机理,进而为企业破解技术创新困境与政府优化创新政策体系提供理论支持。

本研究聚焦数字经济下"企业开放式创新的价值共创机制与协同治理"问题,按照"赋能—合作—治理"的逻辑线索构建数字经济赋能企业开放式创新的理论框架,研究内容主要涉及以下五个关键科学问题。①开放式创新价值共创机制与数字赋能的互动机理。在理论梳理与文献回顾的基础上,通过多个典型案例的对比分析,探究有助于推动企业开放式创新的价值共创机制(如联合计划、联合求解、跨界融通等),并以数字化能力为切入点考察数字经济赋能开放式创新的作用效果。②开放式创新价值共创机制与数字赋能的实证分析。构建以数字化能力为自变量,开放式创新绩效为因变量,价值共创机制为中介变量的概念模型,通过大样本问卷调查与回归分析方法,考察数字化能力通过组织间的价值共创驱动企业开放式创新绩效的逻辑过程,为数字经济赋能开放式创新的作用效果提供具有普适性的研究结论。③开放式创新跨组织合作风险的表现与内在动因。按照"行为—环境"研究范式,使用案例分析方法,从个体行为与技术环境两个维度分析数字经济下开放式创新跨组织合作风险的表现(如原发性风险、外延性风险、工具性风险、替代性风险等),并根据交易成本与技术可供性理论的思想,从有限理性、机会主义、资产专用性以及技术感知与互动等角度解释开放式创新跨组织合作风险的生成原因。④开放式创新跨组织合作风险的协同治理。基于交易成本与关系交换理论,在梳理跨组织合作治理领域既有文献的基础上,构建以协同治理(契约治理与关系治理)为自变量,合作风险为因变量,技术动荡性为调节变量的概念模型,检验契约治理与关系治理对合作风险的抑制作用及其边界条件。⑤开放式创新价值共创机制与协同治理的组态构型。采用模糊集定性比较分析方法(fsQCA)构建价值共创机制与协同治理策略的交互效应影响开放式创新绩效的理论模型,探讨有助于提升开放式创新绩效的前因条件组态,并分析其在开放式创新实践中的适用情境。

　　本研究综合使用案例分析、回归分析与定性比较分析等方法，旨在系统考察数字经济下企业开放式创新的价值共创机制与协同治理对策。研究表明：①开放式创新的价值共创是企业与用户、供应商、学研机构等合作伙伴之间以知识转移为纽带，通过开放式协作与交互学习而开展的有利于开放式创新实现多方共赢的跨组织合作手段，包括跨界融通、联合计划与联合求解三种机制。②数字化能力对企业开放式创新绩效具有正向促进作用，价值共创是企业在数字经济时代参与市场竞争的重要手段，数字化能力通过价值共创的中介路径赋能企业开放式创新。③数字技术在促进开放式创新价值共创的同时，也在诱发新的跨组织合作问题，使数字经济下开放式创新的合作风险呈现出技术路径多变、参与主体多元、利益关系复杂、不确定性与模糊性叠加等特征，演化出原发性、外延性、工具性与替代性等跨组织合作风险。④以契约治理与关系治理为核心的协同治理策略是抑制开放式创新合作风险的重要手段，关系治理较契约治理可以更好地抑制合作风险的发生；技术动荡性越大，契约治理与关系治理对合作风险的抑制作用越强。⑤基于组态视角的研究表明，价值共创机制与协同治理可生成敏捷共创型、技术突破型、关系嵌入型与常规合作型等四种前因条件组态，促进企业实现高水平开放式创新绩效。

　　本研究属于创新管理、数字经济、跨组织合作治理等领域的交叉问题，主要研究发现将创造以下理论贡献：①关注数字经济赋能，拓展开放式创新的理论体系。本研究考察数字经济下企业开放式创新的价值共创机制，揭示数字经济赋能开放式创新的作用机理，不但为企业与合作伙伴之间的价值共创与协同治理提供决策参考，而且以数字经济赋能为切入点拓展了开放式创新的理论体系。②立足数字经济的研究情境，促进协同治理的理论建构。本研究验证了契约治理与关系治理等协同治理策略对抑制合作风险、维护长期而稳定合作关系的积极作用，不但填补了开放式创新文献的实证研究缺口，而且可从数字经济情境促进协同治理的理论建构。③聚焦企业价值创造，夯实知识基础观的理论内核。本研究检验了数字经济赋能、组织间的价值创造与开放式创新绩效之间的互动关系，为开启数字经济下开放式创新价值共创的理论"黑箱"提供经验证据；对价值共创机制与协同治理组态效应的考察，不但可为企业在数字经济下分类实施开放式创新提供解决思路，而且丰富了开放式创新前因条件的来源范畴，为知识基础观的理论发展创造边际贡献。

　　本研究的实践意义在于，从微观层面厘清数字经济下企业价值创造的行为逻辑，为企业利用数字技术、完善知识管理、塑造竞争优势等提供新的运营思路；从产业层面为提高基础研究与创新成果转化的合作效率、产出水平与整体收益提供实践路径；从宏观层面为政府优化政策保障体系、理顺政企关系、提升财政扶持力度等相关政策的制定提供决策参考。

目　　录

第1章 概 论

1.1 研究背景

技术创新是引领经济发展的第一动力，是提高国家竞争优势的重要支撑。随着新一轮科技革命与产业变革的加速演进，智能、泛在、绿色等一系列颠覆性技术持续涌现，不但改变国家力量对比、重塑全球竞争格局，而且推动"创新驱动发展"成为主要国家建构竞争优势的核心战略。在此背景下，《中华人民共和国国民经济和社会发展第十四个五年规划和2035年远景目标纲要》做出"完善技术创新市场导向机制，强化企业创新主体地位，促进各类创新要素向企业集聚，形成以企业为主体、市场为导向、产学研用深度融合的技术创新体系"的战略部署。党的二十大报告则进一步强调"提升国家创新体系整体效能，形成具有全球竞争力的开放创新生态"在加快实施创新驱动发展战略、实现高水平科技自立自强中的重要地位。目前，我国创新型国家建设已取得瞩目成绩。世界知识产权组织（WIPO）发布的《2023全球创新指数报告》(*Global Innovation Index* 2023) 表明，2022年我国技术创新能力在132个经济体中位列第12位，拥有的全球百强技术创新集群数量跃居世界第一，创新投入指数位于全球第25位，创新产出指数排名全球第8位；在技术创新上涌现出华为（全球第4位）、阿里巴巴（全球第7位）、腾讯（全球第18位）等行业领军企业，以及字节跳动、希音、小红书等具有强劲实力的"独角兽"企业。企业作为开展技术创新的核心主体，在国家战略中的作用备受关注。

技术创新是我国提升综合国力、保障国家安全、建设世界强国的必由之路。然而，由于资源约束的不断加剧、用户需求的迭代升级以及技术复杂性的日益高涨，企业经营环境也在发生前所未有的变化，以模糊、易变、复杂与不确定为特征的乌卡（VUCA）时代成为技术创新的新常态（Bennett 和

Lemoine，2014）。在波谲云诡的经营环境中，越来越多的企业发现，长期以来被奉若经典的封闭式创新已难以适应新时代的竞争节奏，自主研发、知识垄断对维护企业可持续发展的作用日渐式微，亟需新的思想与手段推动技术创新范式的根本性改变（Millar 等，2018）。与此同时，主张互动、合作、多方共赢的开放式创新逐渐走进企业决策层的战略视野，并在 GE、IBM、P&G 等行业领导者的带动下迅速成为技术创新的主流范式（Chesbrough，2003）。开放式创新（open innovation）是以知识转移为载体，通过有意识地引进外部知识或进行知识输出，从而促进组织内部创新（如产品、服务、业务流程与商业模式创新等）与知识价值转化（如技术转让、专利许可与合作研发等）的一种新颖的技术创新范式（Chesbrough，2017；Lichtenthaler，2011）。实践表明，开放式创新有助于企业摒弃对知识的垄断与控制等固有观念，不仅在组织、产业、国家等层面促进全方位、跨领域的价值创造，而且是突破自身资源与能力束缚、扩大创新收益的重要战略活动，被众多企业视为 VUCA 时代实现可持续发展的关键所在。因此，在"创新驱动发展"战略的指引下，探讨有助于开放式创新的过程与机制对于提升企业创新能力、增强国家竞争优势具有重要的理论与实践意义。

近年来，随着大数据、云计算与人工智能等数字技术的兴起，人类社会进入了一个以数字经济为表征的新时代。蓬勃发展的数字经济正在持续释放活力，成为推动经济社会高质量发展的新动能，并在过程与结果上对技术创新范式产生深远影响（Nambisan 等，2017）。数字经济是以数字化的知识和信息作为关键生产要素，以数字技术为核心驱动力，以数字化转型为重要载体，通过数字技术与实体经济的深度融合，不断提高数字化、网络化、智能化水平，加速重构经济发展与治理模式的新型经济形态（Pan 等，2022）。经济合作与发展组织（OECD）在 2020 年的报告《科学、技术和创新的数字化：关键发展和政策》中指出，数字经济为企业战略变革与技术创新带来新机遇，数字技术应用程度越高的行业，其活力越强，规模效应越为显著。中国信息通信研究院统计，2022 年全球数字经济已进入规模扩张与深度应用阶段，美国、中国、德国、日本、韩国等主要国家的数字经济总量达到 31.0 万亿美元，数字经济占 GDP 比重超过 58.0%；中国数字经济规模达到 7.5 万亿美元，同比名义增长 10.3%，数字经济占 GDP 比重达到 41.5%，与第二产业占国民经济的比重持平。为应对新的形势与挑战、把握数字化转型新机遇、拓展经济发展新空间，我国政府于 2022 年颁布了《"十四五"数字经济发展规划》，通过优化升级数字基础设施、充分发挥数据要素作用、大力推进产业数字化转型等举措，计划于 2035 年建设形成统一公平、竞争有序、成熟完备的现代市场体系，力争数字经济的发展基础与水平位居世界前列。可以预见，数字经济依托开放、智能、泛在的数字技术，将进一步拓展技术创新过程的组织边界，促进企业、学研机构（大学及科研院所）、中介组织等创新主体间的价值创造，有效实现数字化转型对实体经济的全周期、全链条赋能，并为开放式创新开辟新的发展空间。

　　然而，在数字经济为开放式创新带来诸多裨益的同时，新的问题也接踵而至。很多研究发现，数字经济具有"双刃剑效应"（Gebauer 等，2020），在促进组织间知识转移、激活价值创造的过程中，对技术创新活动的固有规律提出严峻挑战，诱发算法歧视、数据操纵与信息滥用等新型机会主义问题。数字经济下各行业技术更迭速度普遍提高，多维、高频、形态多样的数据资源既是维系企业运营的关键生产要素，也在考验企业的数据处理能力（即算力），组织间的上述能力差异将在无形中生成新的交易壁垒，造成新型信息不对称，从而在持续的合作互动中衍生出数据保护与数据泄露、去中心化与集中化、规模化与反垄断等悖论关系，使组织间的隔阂、疏离悄然拉大（Gebauer 等，2020；Vaia 等，2022）。特别是在开放式创新的实践中，数字技术在促进组织间互联互通、提升知识转移的同时也在加剧跨组织合作行为的监督与控制难度，并在不断开放的组织边界中潜伏着知识窃取、利益冲突等合作风险，降低创新效率、破坏合作关系甚至导致"价值共毁"（魏江和赵雨菡，2021）。尽管一些学者已对开放式创新的合作风险提出警示（Son 等，2021；焦豪和杨季枫，2022），但相关研究尚处于起步阶段，对数字经济下开放式创新的新问题与新现象缺乏深入探讨。如何有效促进跨领域知识转移、改善多元创新主体间的合作效率仍是一个具有挑战性的话题。鉴于此，本研究将基于知识基础观、价值共创、交易成本等理论，从数字赋能与知识转移的二元视角，考察企业在数字经济下实施开放式创新的价值共创机制，分析多元创新主体间合作风险的表现与成因，探究组织间协同治理与价值共创机制的组态效应对开放式创新绩效的影响机理，进而为企业破解技术创新困境与政府优化创新政策体系提供决策参考。

1.2 研究意义

1.2.1 理论意义

本研究属于创新管理、数字经济、跨组织合作治理等领域的交叉问题,基于知识基础观、价值共创、交易成本等理论,分析数字经济下企业开放式创新的合作行为与内在风险,探究有助于开放式创新的价值共创机制与协同治理对策,理论意义表现在以下方面:

第一,提炼开放式创新的价值共创机制。本研究通过多个典型案例的对比分析,从数字赋能与知识转移的二元视角考察数字经济下开放式创新的典型特征,按照开放式编码、主轴编码与选择性编码的数据分析过程提炼开放式创新的价值共创机制,讨论联合计划、联合求解与跨界融通等价值共创机制对开放式创新绩效的影响,为深入认识数字经济下企业技术创新的新问题与新现象提供新的理论洞见。

第二,揭示数字经济赋能开放式创新的作用机制。本研究认为,数字化能力是数字经济赋能实体经济的重要载体,在数字技术应用过程中生成适应市场环境变化的数字化能力是企业在数字经济下得以生存与发展的必然选择。因此,本研究基于知识基础观、价值共创与动态能力等理论,构建"数字化能力—价值共创机制—开放式创新绩效"的概念模型,实证检验数字化能力对企业开放式创新绩效的影响机理,为揭示数字经济赋能开放式创新的基本规律提供理论支持。

第三,剖析数字经济下开放式创新的合作风险及其协同治理策略。数字经济在赋能开放式创新的同时,也滋生了算法歧视、数据操纵与信息滥用等新型机会主义行为,诱发各种潜在与现实的合作风险。本研究基于交易成本、关系交换、技术可供性理论,遵循"行为—环境"的研究范式,从机会主义行为的生成动机与数字技术应用的复杂程度两个维度总结出原发性、外延性、工具性与替代性等四种数字经济下开放式创新的代表性合作风险,并使用中国制造企业的调查数据,验证由契约治理与关系治理构成的协同治理策略对合作风险的抑制作用,进而从数字经济情境丰富开放式创新的实证研究成果。

第四,探究价值共创机制与协同治理策略的组态效应。从跨组织合作视角出发,价值共创与协同治理均是影响开放式创新的重要因素,但上述关系的因果路径仍不明确。本研究基于多因素组态的逻辑过程，采用模糊集定性比较分析方法（fsQCA），考察价值共创机制与协同治理策略之间的多样化交互效应如何构成高水平开放式创新绩效的充分条件，从而为厘清数字经济下提升开放式创新绩效的前因条件提供经验证据。

1.2.2　实践意义

数字经济已渗透到人类经济社会的各个领域，在赋能经济发展的同时，也在产生许多有待解释的新问题与新现象。开放式创新作为数字经济时代的主流技术创新范式，发现并解决其面临的问题与挑战，对于提升企业创新能力、建设创新型国家具有重要的实践意义。鉴于此，本研究将在以下方面发挥实践指导价值：

首先，帮助企业深入认识技术创新的价值创造规律。本研究有助于从微观层面厘清数字经济下企业价值创造的行为逻辑，帮助企业在技术创新的竞合关系中适宜地做出知识转移、资源整合、关系维护等战略决策，并为企业利用数字技术、完善知识管理、塑造竞争优势等提供新的运营思路。

其次，为利益相关者参与企业开放式创新提供实践路径。本研究关注企业与供应商、用户、学研机构、中介组织甚至竞争对手等利益相关者的合作共赢，探究能够提升企业开放式创新绩效的价值共创机制与协同治理策略，有利于明确企业的市场主体职能、激发利益相关者的创新活力，进而从产业层面提高基础研究与创新成果转化的合作效率、产出水平与整体收益。

最后，助力政府完善国家创新政策体系。本研究的主要结论有助于政府职能部门了解我国企业技术创新的现状与困境，在宏观层面为政府优化政策保障体系、理顺政企关系、提升财政扶持力度等相关政策的制定提供决策参考。

1.3　研究目标

1.3.1　总体目标

在理论上，基于知识基础观、价值共创、交易成本等理论，为分析数字经济下企业开放式创新的跨组织合作问题构建一个系统性的理论研究框架，综合运用质性分析与实证分析方法，发现有助于促进开放式创新实践的价值共创机制，在此基础上进一步讨论能够抑制开放式创新跨组织合作风险的治理策略，为完善开放式创新的理论体系创造边际贡献。

在实践上，从合作关系的建立与维护角度为企业开放式创新提供实践指导，为数字经济赋能企业技术创新与经营管理提供决策参考，为政府完善国家创新政策体系提供理论支持。

1.3.2　具体目标

第一，在理论框架方面，按照"赋能—合作—治理"的逻辑线索，从数字赋能与知识转移的二元视角，诠释数字经济下企业开放式创新的价值创造机理，考察企业与合作伙伴之间的价值共创机制与协同治理策略。

第二，在定性分析方面，总结企业开放式创新过程中跨组织合作风险的典型表现，从数字技术应用与合作动机角度分析生成合作风险的内在动因。

第三，在定量分析方面，检验组织间的协同治理对开放式创新跨组织合作风险的抑制作用，从组态视角分析价值共创、协同治理与开放式创新绩效之间的互动关系，为数字经济下开放式创新的效率改进提供管理启示与政策建议。

1.4　研究内容

本研究基于知识基础观、价值共创、交易成本等理论，以数字经济下企业开放式创新活动为研究对象，分析企业与供应商、用户、学研机构、中介组织等实施开放式创新的价值共创机制、合作风险与协同治理策略，研究框架如图1—1所示。

1.4.1　开放式创新价值共创机制与数字赋能的互动机理

数字经济为企业经营管理注入新动能，不仅改变组织间的连接方式、资源配置与交易模式，而且使开放式创新取代封闭式创新成为企业技术创新的主流范式。本节聚焦数字经济下企业开放式创新的管理实践，参考 Annarelli 等（2021）、Lenka 等（2017）、Ritter 等（2020）的研究成果，通过多个典型案例的对比分析，探究有助于推动开放式创新的价值共创机制，并以数字化能力为切入点考察数字经济赋能企业开放式创新的作用效果，从而为后续章节进一步分析数字经济下开放式创新的合作风险与治理策略建立理论框架。具体而言，本节将重点关注以下问题：①数字化能力作为数字经济时代企业必备的一种新型动态能力具有哪些独特属性，从数字化能力视角如何深入剖析数字经济赋能企业开放式创新的作用效果；②基于多个典型案例的对比分析，从知识转移视角界定开放式创新价值共创的概念内涵，提炼有助于企业实施开放式创新的价值共创机制（如联合计划、联合求解、跨界融通等）；③遵循"能力—机制—绩效"的逻辑线索，分析数字化能力对开放式创新价值共创机制及其创新绩效的影响机理，从而揭示数字经济赋能开放式创新的内在逻辑。

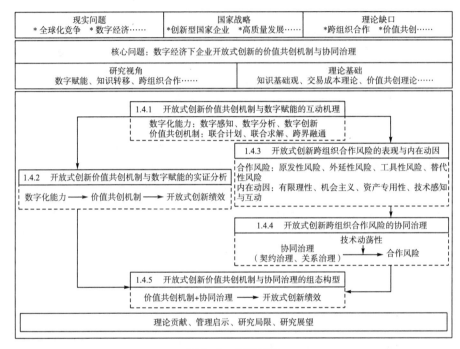

图 1-1　研究框架

1.4.2　开放式创新价值共创机制与数字赋能的实证分析

上文通过案例分析方法，提炼了数字经济下开放式创新的价值共创机制，并以数字化能力为切入点讨论了数字经济赋能开放式创新的过程机理，但研究内容缺乏大样本调查的数据支撑。为了验证数字化能力与开放式创新价值共创的互动关系，本节构建以数字化能力为自变量，开放式创新绩效为因变量，价值共创机制为中介变量的概念模型（见图 1-2），以中国制造企业为样本，通过问卷调查与回归分析方法，检验数字化能力通过组织间的价值共创驱动企业开放式创新绩效的作用机理，重点关注以下问题：①数字化能力作为企业在数字经济时代的一种新型动态能力，具有何种内在结构，能否促进企业开放式创新绩效的提升；②数字化能力如何驱动开放式创新的价值共创，即实践中数字化能力对联合计划、联合求解、跨界融通等价值共创机制是否存在显著的正向影响；③价值共创机制在数字化能力与开放式创新绩效之间扮演何种角色，联合计划、联合求解、跨界融通等价值共创机制在上述关系中是否存在差异化的作用效果，回归分析的结果能否为数字经济赋能开放式创新的内在逻辑提供具有普适性的研究结论。

图1—2　数字化能力、价值共创机制与开放式创新绩效的关系

1.4.3　开放式创新跨组织合作风险的表现与内在动因

数字经济在赋能企业开放式创新的同时，也在诱发新的跨组织合作风险。由于不同创新主体之间存在的数字基础设施、数字化能力、数字化战略与组织惯性等差异，处于资源与能力劣势的企业更容易在开放式创新中遭受合作伙伴的算法歧视、数据操纵与信息滥用等新型机会主义行为的威胁，产生知识泄露、产权纠纷、利益冲突与拒绝适应等跨组织合作风险，降低创新效率、破坏合作关系甚至导致开放式创新的"价值共毁"。为此，本节根据交易成本理论的"行为—环境"研究范式（Williamson，1985；Wathne和Heide，2000），使用案例分析方法，从个体行为与技术环境两个维度探究数字经济下开放式创新跨组织合作风险的表现（见表1—1），并整合交易成本与技术可供性理论的思想分析合作风险的生成原因，重点关注以下问题：①在数字经济情境下，个体的合作动机与利益诉求将在开放式创新实践中诱发哪些新的机会主义与利己行为；②数字技术存在哪些功能缺陷或监管漏洞，在开放式创新中是否会助长合作参与方改变或违背现有规则而谋取自身利益最大化；③基于交易成本与技术可供性理论的分析框架，如何从有限理性、机会主义、资产专用性以及技术感知与互动等角度解释开放式创新跨组织合作风险的生成原因。

表 1-1 合作风险分类

"行为—环境"范式		技术环境	
		低技术复杂性	高技术复杂性
机会主义行为	主动	工具性风险 违背规则/产权纠纷/利益要挟	替代性风险 技术窃取/利益冲突/权力争夺
	被动	原发性风险 逃避职责/责任推脱/知识泄露	外延性风险 拒绝适应/目标分歧/降低投入

1.4.4 开放式创新跨组织合作风险的协同治理

随着数字经济的深入发展，开放式创新的技术复杂性与知识分散化程度也将持续上升，治理跨组织合作风险成为保障开放式创新顺利实施的必然选择。针对表 1-1 尝试提炼的典型合作风险，本节基于交易成本与关系交换理论，在梳理跨组织合作治理领域既有文献的基础上，构建以协同治理（契约治理与关系治理）为自变量，合作风险为因变量的概念模型（见图 1-3），以中国制造企业为研究对象，使用回归分析方法检验契约治理与关系治理对合作风险的影响机理。此外，由于开放式创新高度依赖于产业技术的发展，所以在图 1-3 的概念模型中还需分析技术动荡性在协同治理与合作风险之间的调节效应，进而考察治理开放式创新跨组织合作风险的边界条件。按照上述思路，本节将重点关注以下问题：①契约治理、关系治理作为跨组织合作治理领域两个最为重要的治理策略，存在哪些优势与劣势，分别适用于哪些问题情境；②契约治理与关系治理的单独使用与联合使用能否抑制开放式创新的跨组织合作风险，在作用效果上是否存在显著差异；③在不断变化的外部环境中，契约治理与关系治理对跨组织合作风险的作用效果是否随着技术动荡性的变化而改变。

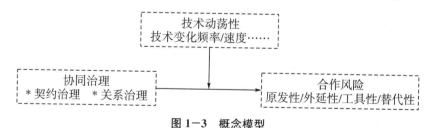

图 1-3 概念模型

1.4.5 开放式创新价值共创机制与协同治理的组态构型

开放式创新是多元化创新主体围绕知识转移而共同开展的价值创造活动，

有效的价值共创机制与紧密的合作关系是提升开放式创新绩效的关键。本研究认为选择适宜的治理策略是解决数字经济下跨组织合作治理问题的关键所在，灵活利用治理策略与价值共创机制是改善开放式创新绩效的重要手段。上文检验了以契约治理与关系治理为构成协同治理策略对开放式创新跨组织合作风险的抑制作用，但同样作为促进开放式创新的重要手段，价值共创机制与协同治理之间的互动关系尚缺乏深入探讨。为此，本节将采用模糊集定性比较分析方法（fsQCA）构建价值共创机制（联合计划、联合求解、跨界融通）与协同治理策略（契约治理、关系治理）的交互效应影响开放式创新绩效的理论框架（见图1-4），探讨有助于提升开放式创新绩效的前因条件组态，重点关注以下问题：①从因果关系角度，分析价值共创机制与协同治理策略中的单一变量是否构成开放式创新绩效的必要条件；②借助真值表，计算价值共创机制与协同治理策略的组态效应，识别有助于提升开放式创新绩效的前因条件组态；③总结前因条件组态的基本特征，并分析其在开放式创新实践中的适用情境。

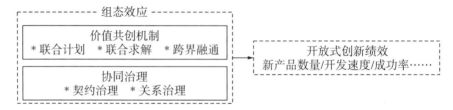

图1-4　理论框架

1.5　研究方法与技术路线

1.5.1　研究方法

本研究将综合使用案例分析、回归分析与定性比较分析等方法，考察数字经济下企业开放式创新的价值共创机制与协同治理对策。

（1）案例分析

本研究将使用多个典型案例的对比分析方法解决1.4.1与1.4.3节的关键科学问题。首先，通过文献梳理与产业实践考察，提出理论预设模型。其次，基于理论抽样原则，选择行业中的多个典型企业作为案例研究对象，通过实地调研、高层管理人员深度访谈、网络信息收集与媒体宣传汇编等手段收集研究数据并建立案例库。最后，使用 NVivo 12 质性分析软件开展数据编码与分析，通过开放式编码、主轴编码与选择性编码等步骤提炼一阶概念、二阶主题与聚合构念，讨论构念之间的内在联系，经过案例分析与理论推演的交叉验证，提出相关命题并修正理论预设模型。

（2）回归分析

针对 1.4.2 与 1.4.4 节的核心问题，本研究将使用回归分析方法检验变量之间的相互作用。第一，基于文献梳理，凝练关键科学问题，分析变量之间的相互作用并构建概念模型，从直接效应、中介效应与调节效应等角度提出概念模型中的研究假设。第二，选择已有文献中的成熟量表，采用"翻译—回译"的方法编制调查问卷，通过与多位创新管理领域的专家与从业人员开展深度访谈，修订完善调查问卷。第三，使用随机抽样方法，向中国制造企业的高层管理人员（总经理、研发总监、财务总监与供应链经理等）发放调查问卷，对研究数据进行信度、效度、共同方法偏差与无回应偏差等统计检验。第四，使用 Amos 23.0、SPSS 24.0 与 PROCESS 等统计软件，分析变量之间的直接效应、中介效应与调节效应，检验研究假设并修正概念模型。第五，讨论主要研究发现，将其与既有文献中的结论相比较，尝试提炼出新的研究结论，从而为现有理论体系创造边际贡献。

（3）定性比较分析

本研究将使用模糊集定性比较分析方法（fsQCA）解决 1.4.5 节的关键科学问题。首先，选择成熟量表编制调查问卷，通过大样本调查的方式，面向中国制造企业高层管理人员收集研究数据。其次，进行数据校准，借助 fsQCA 3.0 软件，将变量得分转换为 0~1 之间的模糊隶属度，按照一致性小于 0.9 的原则对研究数据进行必要性分析，考察单个前因条件变量对于结果变量的解释能力。最后，经过布尔代数计算，得到研究数据的复杂解、简单解与中间解，将同时出现在简单解与中间解中的条件视为对结果变量产生重要影响的核心条件，以此提炼结果变量的前因条件组态。

1.5.2 技术路线

本研究的技术路线如图 1-5 所示。

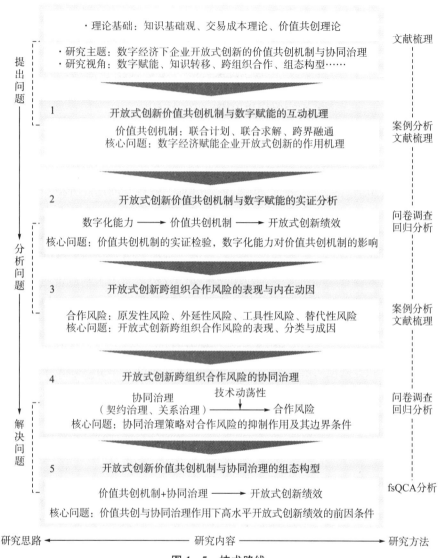

图 1-5　技术路线

1.6　研究特色与创新之处

1.6.1　研究特色

本研究属于创新管理、数字经济、跨组织合作治理领域的交叉问题，基于知识基础观、价值共创、交易成本等理论，以数字经济下企业开放式创新活动为研究对象，按照"赋能—合作—治理"的逻辑线索，提炼有助知识转移与合作共赢的价值共创机制，通过剖析数字技术应用过程中的跨组织合作风险，提出开放式创新的治理对策，从而为数字经济下优化企业创新管理提供决策参考。

1.6.2 主要创新之处

本研究致力于探索数字经济下企业开放式创新活动的新问题与新现象，在研究内容上具有以下创新之处。

（1）揭示数字经济赋能开放式创新的作用机理

数字经济的快速崛起为企业带来新的技术、方法与战略机遇，在内涵与外延上改变技术创新的价值创造逻辑，对企业绩效、核心能力与竞争优势产生深远影响。尽管学者们普遍认为数字经济是驱动企业经营管理的重要因素，但多数研究习惯于将数字技术作为数字经济的代理变量，分析数字技术应用与企业绩效之间的正向、负向或非线性关系，不仅研究结论存在较大分歧，而且无法有效刻画数字经济作为一种全新的经济形态对企业技术创新范式的深刻影响。针对现有研究缺口，本研究借鉴数字化能力的相关研究成果，将数字化能力视为数字经济赋能实体经济的重要载体。从动态能力视角，分析数字化能力与开放式创新的关系。不但从技术创新过程界定了数字化能力的维度构成，而且验证了数字化能力对开放式创新价值共创与创新绩效的正向影响，进而从动态能力视角揭示数字经济赋能开放式创新的作用机理。

（2）提炼数字经济下开放式创新的价值共创机制

开放式创新的表象是组织间的知识转移，本质是企业与合作伙伴之间开展的价值共创活动。不同创新主体之间需要建立紧密的合作关系，在持续的沟通互动中保障既定合作目标的达成。高效的价值共创机制是决定开放式创新成败的关键。价值共创的既有文献主要聚焦传统经济活动的价值形成与获取，较少研究关注数字经济下开放式创新过程的价值创造问题，实证研究成果亦较为匮乏。本研究以数字经济下企业开放式创新活动为考察对象，讨论了数字赋能对组织间的知识转移与价值共创的影响，并从多案例分析与大样本调查两个角度检验开放式创新价值共创机制的构成要素。主要研究结论不但从数字经济情境拓展了开放式创新的理论体系，而且从价值共创机制的构成要素上填补了价值共创文献的理论缺口。

（3）考察开放式创新的跨组织合作风险与生成原因

数字经济在赋能开放式创新的同时，也在诱发新的跨组织合作风险。数字经济将促使企业在开放式创新中进一步打开组织边界，为合作伙伴利用数字技术实施算法歧视、数据操纵与信息滥用等新型机会主义与利己行为提供可乘之机，滋生各种矛盾、冲突与对抗。目前，开放式创新的合作风险已引起了国内外学者的关注，但相关研究尚处于起步阶段，对合作风险的类型与生成原因缺乏全面认识。本研究发现，数字经济下开放式创新的跨组织合作风险呈现出技术路径多变、参与主体多元、利益关系复杂、不确定性与模糊性叠加等特征，并从机会主义行为与技术环境两个维度提炼出原发性、外延性、工具性与替代性等合作风险。基于交易成本、关系交换、技术可供性等理论，深入挖掘诱发上述合作风险的内外动因，并使用回归分析检验协同治理对合作风险的抑制效果。研究发现不但诠释了开放式创新跨组织合作风险的表现与成因，而且从数字经济情境丰富了交易成本与关系交换理论的研究成果。

（4）探究数字经济下提升开放式创新绩效的前因条件

数字技术在激活开放式创新、打开企业边界的同时，也对维护紧密的合作关系提出更高要求，如何在价值共创中妥善治理个体合作行为由此成为开放式创新研究有待探讨的重要问题。数字经济下的跨组织合作治理已引起学界的研究兴趣，但多数文献来自公共管理领域，讨论数字技术应用对反垄断、社会治理与政府治理的影响，对于开放式创新的跨组织合作治理尚缺乏针对性的研究成果。本研究认为，治理合作风险、促进价值共创是开放式创新得以顺利实施的重要保证。因此，本研究从组态视角出发，采用模糊集定性比较分析方法构建价值共创机制与协同治理策略的交互效应影响开放式创新绩效的理论框架，考察有助于提升开放式创新绩效的前因条件组态，从而为数字经济下开放式创新的理论体系建构创造边际贡献。

第 2 章　理论基础

本研究关注数字经济下企业开放式创新的价值共创机制与协同治理。为了深入剖析现实问题，本章从知识资源、价值创造、跨组织合作治理等方面梳理相关理论，将知识基础观、价值共创、交易成本与关系交换理论作为核心理论来源，总结上述理论的主要内容、研究主题与发展历程，从而为后续章节的研究内容建立理论基础。

2.1　知识基础观

知识基础观（knowledge－based view）将企业视为一个知识管理系统，认为知识是企业最为重要的战略资源，知识的获取、整合与利用是塑造企业竞争优势的关键（Grant，1996）。在理论起源上，知识基础观整合了资源基础观、演化经济学、组织学习与创新管理等理论，继承了资源异质性（稀缺、有价值、难以模仿与不可替代）决定企业竞争优势的观点，进一步强调了知识在企业生存与发展中的重要作用（Felin 和 Hesterly，2007）。

知识是知识基础观的核心概念，与企业经营管理有关的认知、经验、信息与价值观均可视为企业的知识来源。知识基础观从流动性、独占性、知识获取专业化、知识需求等方面解释知识在企业生存与发展中的重要作用（Grant，1996；Spender 和 Grant，1996）。第一，关于知识流动性。知识基础观将知识分为显性知识（explicit knowledge）与隐性知识（tacit knowledge）两种类型（Nonaka，1994）。显性知识是能够以书面文字、图表和数学公式等加以表述的知识。显性知识是客观、有形的，能够用一定的信息化形式表达或进行编码，因此，这类知识能够方便地在个人或组织之间进行交流与传递。隐性知识是难以通过语言、文字、图表或符号明确表述（如个体的思维模式、价值观等），不易在个人或组织之间进行交流与传递的知识。相对而言，显性知识的转移成本低于隐性知识，知识流动性既影响企业价值创造，也造成了企业之间竞争优势的差异。第二，关于独占性。知识是一种产权，可以使知识所有者获得与其价值相对应的回报。隐性知识由于不能直接转移，因此只能在应用中开发其内在价值并获取相应回报。对于那些不具有公共物品属性的显性知识，其所有者可以在知识转移中开发并获取知识的商业价值。第三，关于知识获取专业化。企业的认知与能力具有局限性，对知识的获取、整合与利用无法做到尽善尽美。因此，为了提高知识利用效率，需要企业在特定的知识领域内实现专业化分工与应用。第四，关于知识需求。知识基础观认为知识是企业经营管理过程的关键投入以及价值的主要来源，解释了知识作为企业战略资源的独特价值。

知识基础观主要关注以下企业管理问题。第一，知识获取与创造。研究如何在企业内部创造新知识，以及如何从外部知识来源（如市场、用户、供应商、合作伙伴等）获取知识（Meso 和 Smith，2000）。第二，知识转移与分享。探讨如何有效地在企业内部和跨组织间转移和分享知识，包括克服知识转移中的障碍（如知识的隐性特性和文化差异）、设计知识共享的激励机制、制定保护知识产权的制度与规则等（Heiman 和 Nickerson，2002）。第三，知识存储与管理。研究企业如何储存知识（如通过数据库、文档、实践与程序等），以及如何管理这些知识资源以最大化其使用价值（Blome 等，2014）。第四，知识开发与利用。探索企业如何将知识应用于决策过程、产品开发、服务改进以及创新活动之中。第五，知识与企业竞争优势的关系。分析知识如何成为企业建构并维持竞争优势的关键资源，包括知识如何影响企业的创新能力与市场表现（Denford，2013）。

综上所述，知识基础观将知识视为创造和维持企业竞争优势的关键资源，强调知识的管理与应用在企业生存与发展中的核心作用，认为通过有效地管理知识资源，企业可以提高创新能力、适应性与经营绩效。

2.2 价值共创理论

价值共创（value co-creation）是现代企业理论的重要分支，颠覆了传统上由企业主导的价值创造逻辑，是一种强调企业与利益相关者（包括用户、供应商、零售商、学研机构、中介组织等）共同创造价值以更好地满足用户需求的新型价值创造模式。价值共创理论最初由 Prahalad 和 Ramaswamy（2000）

提出。他们认为传统企业理论所奉行的企业是唯一的价值创造主体、用户是价值使用者的观念已无法适应全球化竞争的挑战，新的企业理论需要重视用户在价值创造中的作用。在市场竞争中，企业不再是唯一的价值创造主体，用户也不再是单一的价值使用者，企业与用户之间的合作为共同创造价值提供可能，也必将成为市场竞争的普遍现象。价值共创理论一经提出便受到学界与商界的广泛关注，经过多年发展，逐渐演化出三个理论分支（武文珍和陈启杰，2012）：一是以 Prahalad 和 Ramaswamy（2000）为代表的用户体验模式，认为价值共创是围绕用户体验而开展的价值创造活动；二是以 Vargo 和 Lusch（2004）为代表的服务主导逻辑模式，主张价值共创是基于服务主导逻辑的价值创造过程；三是以 Aarikka-Stenroos 和 Jaakkola（2012）、Pera 等（2016）为代表的泛化合作模式，认为用户不是参与企业价值创造的唯一主体，供应商、零售商、学研机构与中介组织等利益相关者均是参与价值共创的核心主体。

2.2.1 用户体验模式

Prahalad 和 Ramaswamy 于 2000 年发表的论文 "co-opting customer competence" 是价值共创理论的发轫之作，提出了基于用户体验的价值共创理念。他们认为，互联网技术的不断普及，推动市场竞争从传统的线下竞争升级为线上、线下混合的竞争关系，在此过程中用户需求与偏好也在爆发式增长，一些曾经被企业轻视的碎片化、个性化需求在互联网技术的加持下，将凝聚为规模庞大的细分市场，为企业带来新的商业机会。在此背景下，企业在模糊前端、产品研发、生产制造与市场营销等价值创造环节倾听用户需求或直接与用户合作，将成为企业构建核心能力、塑造竞争优势的全新战略取向。Prahalad 和 Ramaswamy（2000）的观念可凝练为两个要点，即共同创造用户体验是企业与用户开展价值共创的关键，企业与用户在价值网络中的互动是实施价值共创的重要手段。具体而言，企业可以通过积极对话、动员用户社区、管理用户多样性、共同创造个性化体验等方法促进价值共创。首先，企业需要与用户建立平等的合作关系，在与用户的沟通、协商与对话中将用户看作合作伙伴，而不是赚取收入的工具，充分尊重用户的想法与诉求，以此广泛获取用户的真实需求。其次，企业要利用互联网建立用户虚拟社区，将其作为凝聚用户的平台，传播企业价值主张、收集用户想法与创意，并将虚拟社区变为产品研发的策源地。再次，企业应重视多样化用户需求，关注利基市场对主流市场的颠覆性作用，对多样化用户需求进行分类管理，在整合用户需求的过程中发现企业可拓展的商业机会。最后，企业要学会换位思考，从需求端考察用户的价值偏好，保持与用户之间的沟通互动，在价值共创中为用户提供更好的购买与使用体验，以此提高用户满意度。

为了清晰地呈现用户体验模式的基础理念，Prahalad 和 Ramaswamy（2004）进一步提出了 DART 模型，即从对话（dialog）、渠道（access）、风险评估（risk assessment）与透明度（transparency）四个角度诠释基于用户体验的价值共创模式。其中，对话指企业与用户之间的双向沟通，超越传统的企业向用户的单向信息传递方式，允许用户参与到产品及服务的价值创造过程；渠道指用户能够轻松获取产品及服务的相关信息，既涉及互联网、计算机等硬件设备的连接，也包括无形的信息、知识与经验的共享与传播；风险评估指企业在价值创造中通过用户反馈、市场调查等手段及时识别并管理与产品及服务相关的各类风险；透明性指企业要公开其业务实践、供应链信息与产品来源等，对价值创造的操作与决策过程向用户保持开放，以此建立用户信任并提升用户忠诚度。

总之，基于用户体验的价值共创理论强调了在快速变化的市场环境中，企业需要与用户建立更为密切的互动关系，共同创造价值。这一思想不仅促进了更深层次的用户参与，而且激发了企业产品研发与个性化服务的推陈出新，从而驱动企业在激烈的市场竞争中构建竞争优势。

2.2.2　服务主导逻辑模式

Vargo 和 Lusch（2004）提出了基于服务主导逻辑（service－dominart logic）的价值共创理论，认为服务是一切经济交换的基础，企业的价值创造除了吸收用户参与之外，供应商也是一个重要的价值创造主体。他们认为，价值共创就是企业与用户、供应商共同开展价值创造的过程，这种价值创造以为用户提供更好的服务为目标，产品是服务的载体、向用户传递的是使用价值，价值创造的本质是服务的创造。用户是操作性资源（operant resources）的拥有者，他们将自身的知识、技能、经验等资源投入价值创造过程，可弥补企业的部分资源与能力缺陷。供应商可以为企业提供原料、部件与技术等资源，从价值链上游支撑或参与企业价值创造。与重视交换价值的产品主导逻辑不同，服务主导逻辑强调服务是基本的交换形式，产品只是服务提供的媒介或载体。价值不是由企业单方面创造的，而是在企业与用户、供应商的互动中共同创造的，用户不再是被动的价值接收者，而是积极参与价值创造的合作者。Vargo 和 Lusch（2004）认为，价值是主观的感受，取决于个体的体验与感知，而不是产品固有的属性。具体而言，基于服务主导逻辑的价值共创将供应商、用户的知识与技能视为可操作的资源，企业与用户、供应商共同创造的不是交换价值，而是用户在消费产品与服务过程中的使用价值。企业作为资源整合者，通过整合、利用来自不同主体的资源来共同创造价值，价值在用户对产品的使用与互动中源源不断地生成，因此价值既被用户使用，也由用户来创造（Vargo和 Lusch，2008）。对于用户而言，价值嵌入在特定的消费情境之中，在个性化需求中得以体现。因此，企业的价值创造要努力将自身置于用户的使用情境，为用户提供便利与帮助，并与用户协同、交互式地创造价值。

可见，服务主导逻辑下的价值共创理论不仅为企业提供了一个全新的视角来理解与实践如何在与用户、供应商的互动中创造价值，而且为企业调整战略决策、维护用户关系、构筑竞争优势提供实践指导。

2.2.3　泛化合作模式

近年来，随着创新网络、创新生态系统、平台经济等产业组织形态的出现，价值共创理论也从服务主导逻辑与用户体验模式转变为泛化合作模式。泛化合作模式强调多元主体之间的价值共创，强调在价值创造过程不仅需要用户、供应商的参与，还要包括更广泛的利益相关者（如学研机构、零售商、中介组织等）。这一理论的核心思想在于，价值是由企业与利益相关者在广泛的互动中生成的，这种互动可以是直接的也可以是间接的，企业与利益相关者通过共享资源来实现价值共创，形成互利共赢的合作关系。Aarikka－Stenroos和 Jaakkola（2012）、Pera 等（2016）认为，企业与利益相关者的价值共创发生在一个由多种关系与互动构成的复杂网络之中，价值共创是动态的、随着参与者与环境的变化而改变；价值共创不限于经济价值，还包括社会价值、文化价值以及环境价值，不同参与者对价值感知与评价的差异会改变价值共创的目标与方向。在多个利益相关者的参与下，企业的价值共创不仅可以创造产品的使用价值，而且通过与不同领域合作伙伴的互动，还可以进一步集成多样化的知识、经验与技术，有效降低生产成本、增加产品功能、强化产品质量、增强用户体验，使用户感知到更多的使用价值，从而提升企业竞争优势。

综上所述，泛化合作模式的价值共创理论关注多主体互动，体现了在日益复杂多变的市场环境中，企业与利益相关者通过跨界合作以及多方参与来共同创造与分享价值的重要性，有助于企业更好地理解价值创造的本质，激励企业开展深层次、多维度的价值创造，从而令企业开拓更广泛的利润来源并获得可持续发展。

2.3 交易成本理论

交易成本理论（transaction cost theory）是经济学与管理学领域的一个重要理论，主要用于分析经济交易的成本与效率，解释企业的起源及其行为边界，关注如何通过制度与机制设计来降低组织间的交易成本，从而达到规避合作风险、提高合作成功概率的目的。1937 年，科斯（Coase，1937）在《企业的性质》一文中首次提出了交易成本的概念，认为企业的存在可降低经济交易的成本，实现利益最大化，可以作为市场的有效替代物。交易成本概念的产生初期并没有受到学界的足够重视，直至 20 世纪 80 年代，以威廉姆森（Williamson，1985）为代表的众多学者才开始对交易成本开展深入研究。他们的研究内容不仅关注经济交易，还将交易成本理论用来解释非市场环境下的组织行为，奠定了交易成本的理论体系。

有限理性与机会主义行为是交易成本理论的基本假设。有限理性认为个体（组织或个人）存在能力与认知局限，在决策中无法掌握全部信息、没有能力预见未来的所有可能情境，难以做出最优决策。机会主义行为指个体在经济交易中为了自身利益最大化而采取的欺骗或不诚实行为，这种行为体现在参与者可能隐瞒信息、歪曲事实或拒绝履行承诺，尤其是在契约不明确或难以执行时更为常见。交易成本理论认为个体（组织及个人）是有限理性的，当经济交易的环境（如不确定性、非对称信息等）存在可乘之机时，有限理性的个体为了谋取自身利益最大化会产生机会主义行为，增加经济活动中的交易成本，最终诱发各种潜在与现实风险（如资源依赖产生的"锁定"风险，制度漏洞导致的合作风险、道德风险与逆向选择等）。交易成本理论指出，机会主义行为会破坏合作规则，降低经济交易的合作效率，因此有必要识别机会主义行为，防止机会主义者获利，从而保护那些遵守合作规则的个人或组织的基本权益（Williamson；1985；Lyons，1994；Cuypers 等，2021）。

交易成本理论的支持者认为，所有经济交易问题的本质都是契约问题，契约治理是降低交易成本，抑制机会主义行为的重要手段（Lyons，1994）。Williamson（1985）认为，应针对不同经济交易设计差异化的治理策略，从而有的放矢地抑制机会主义行为的出现。MacNeil（1980）将经济交易划分为离散交易、不连续交易与关系交易三种形式，提出了古典契约、新古典契约与关系契约等治理策略。契约治理的基本原理是，个体通过在经济交易前签订契约来明确合作参与方的角色与责任，确定合作程序与规则，指导合作参与方的履约行为，以此预防潜在的机会主义行为与冲突，从而提升经济交易的运行效率。目前，契约治理的研究主题主要涉及契约完备性、契约执行、契约控制或防护等内容，重点考察了契约治理对个体机会主义行为（Wuyts 和 Geyskens，2005）、合作冲突（Lumineau 和 Malhotra，2011）以及合作绩效（Krishnan等，2016）的影响。第一，关于契约治理对个体机会主义行为的影响。已有大量研究证明了契约治理与个体机会主义行为之间的负相关关系，认为契约治理可以控制个体行为，从契约签订时便对机会主义行为产生抑制作用（Wuyts和 Geyskens，2005；Jia 等，2020）。但是，也有一些学者指出，契约治理存在"不完全契约"问题，即由于个体有限理性，经济交易的各方往往难以预测所有未来可能的"或然事件"并将其以一致的意见写入契约条款，导致所签订的契约存在制度漏洞，无法全面遏制个体在签订契约后的机会主义行为（Poppo 和 Zenger，2002；Cao 和 Lumineau，2015）。第二，关于契约治理对合作冲突的影响。一些研究认为契约保障了个体惩罚、制止合作伙伴违约行为的权力，详尽的契约也可以减少双方的误解，从而避免冲突的产生（Cannon等，2000；Lumineau 和 Malhotra，2011）。然而，一些研究认为契约会破坏组织间的相互信任，阻碍成员之间的合作，进而增加冲突发生的可能。除了冲突本身，既有研究还关注了契约治理对冲突解决的影响，认为契约治理会影响个体对冲突解决策略（合作谈判、竞争谈判）的选择，进而影响冲突解决成本（Jap 和 Ganesan，2000；McEvily 等，2003）。第三，关于契约治理对合作绩效的影响。一些研究发现，契约复杂性可以增强个体在经济交易中的公平感，对合作绩效产生正向影响（Poppo 和 Zhou，2014；Krishnan 等，2016）。同时，现有研究发现，契约对合作绩效的影响会取决于具体的交易情境，专用资产投入与不确定性越高，契约对合作绩效的正向影响越弱（周晶，2021）。

综上所述，交易成本理论为理解与分析经济交易与个体之间的合作关系建立了一个系统的理论框架，而契约治理则为交易成本理论提供了具体的实践手段与机制，用于管理经济交易与合作关系，构成了现代交易成本理论的重要组成部分。

2.4　关系交换理论

关系交换理论（relational exchange theory）是管理学、社会学与心理学研究中广泛应用的一种理论，专注于分析和解释组织或个人之间长期关系的性质及其对市场交易的影响。关系交换理论将市场交易视为利益交换过程，关注在利益交换过程中如何维护持续的合作关系，进而为未来从市场交易中长期获利创造条件（Kelman，1958；Blau，1964；MacNeil，1980；Larson，1992）。相对于单次交易，关系交换理论更加注重从信任、互惠、承诺与关系规范等方面保障合作关系的长期存在（Kelman，1958；Blau，1964）。

在管理实践中，关系交换理论主要关注三个核心问题（Gundlach 等，1995）。第一，长期关系的建立与维护。市场交易不仅是企业获取财务绩效的手段，而且是市场声誉、地位与影响力等非财务绩效的重要来源。与外部主体建立稳定而长期的合作关系，不仅可以保障企业收获持续的利润回报，而且能够巩固企业的市场地位，增加其对关键资源的控制，使企业在市场竞争中拥有更多的合作伙伴支撑其主营业务的长期发展。因此，关系交换理论认为市场交易不仅是资源交换，还包括社会关系与情感因素等方面的互动。只有在互惠、公平、相互信任的氛围中才能建立持久的合作关系，使合作各方共享集体利益（Dyer 和 Singh，1998）。第二，信任与共生关系的生成。在关系交换理论中，信任是维系合作关系的关键。信任的建立降低了企业与合作伙伴之间的非对称信息，提高了合作参与方的合作意愿，促进信息共享与互动，从而增加市场交易频率。受资源约束的影响，市场交易的参与者往往存在相互依赖的资源投入，这种依赖关系推动了合作行为的可持续性，在长期的互动中深化企业与合作伙伴的利益绑定，使多方共赢成为合作参与方共同追求的目标（Anderson 和 Weitz，1992）。第三，市场交易过程的社会与情感因素。市场交易不仅受到经济因素的影响，还深受关系规范与文化背景的制约。良好的关系规范（如角色认同、互利互惠与集体行动等）是市场交易的统一行动纲领，指导交易各方按照正式或非正式的制度开展合作互动。共同的情感因素影响企业与合作伙伴的资源投入，促进交易各方换位思考，充分理解彼此的偏好与诉求，为协商解决合作中的冲突与对抗创造有利条件（Mayer 等，1995；Zaheer 等，1998；Uzzi，1997）。

关系交换理论经过多年发展逐渐形成了以信任、关系规范为内核的治理策略，旨在维护长期而稳定的合作关系。信任是个体对合作伙伴所产生的积极合作预期并有意为之承担风险的一种意愿（Mayer 等，1995；Zaheer 等，1998；Uzzi，1997）。关系交换理论将信任视为连接个体之间关系的纽带，认为合作是个体被预期收益所激励的自愿行为，个体之间的相互信任在建立与维护合作关系中具有重要作用（Blau，1964；Cropanzano 和 Mitchell，2005；Palmatier

等，2007）。关系规范（relational norms）是为了维护合作关系所必备的一系列共识、习惯与行为准则。大量研究表明，关系规范能够促进共同愿景与集体行动的形成，进而调动个体的"自我履约"行为（MacNeil，1980；Rokkan等，2003；Wuyts 和 Geyskens，2005）。对于关系规范的内在结构，MacNeil（1980）在其开创性研究中指出，关系规范涵盖角色认同、柔性、参与、团结、信息交换、互惠、和谐、计划执行等十种机制，由此开启了关系交换理论的研究先河。然而，很多后续研究发现，MacNeil（1980）所总结的关系规范机制存在一定的内涵重复（Blois，2002），因此学者们从不同的问题情境对关系规范进行了新的解读，并总结了参与、团结、信息交换等关系规范的核心机制。

综上所述，关系交换理论提供了一个用于建立长期商业与社会关系的理论框架，强调了关系的重要性以及持续合作中的互动复杂性。基于关系交换理论，人们可以更好地理解不同背景下合作行为的动态变化与影响因素，对于改善战略决策、促进组织间合作共赢以及维护客户关系等具有重要的理论与实践意义。

第3章　文献回顾

本章以数字经济下企业开放式创新活动为研究对象，从数字经济、开放式创新、价值共创与协同治理等领域梳理代表性研究成果，总结已有研究的内容、方法与主要结论，针对既有文献的研究缺口，构建研究方案与理论体系。

3.1　数字经济赋能的相关研究

数字经济是对农业经济、工业经济的继承与发展，是以数据资源为关键生产要素，以大数据、云计算、人工智能等数字技术为主要载体，以数字化转型为核心推动力，促进公平与效率更加统一的一种新型经济形态。数字经济的产生伴随着数字技术的发展与普及，正因为数字技术的颠覆性作用，数字经济也被视为第四次工业革命的重要表现。近年来，随着数字经济的深入发展，数字经济对产业结构、技术创新与企业经营管理的赋能效应受到学界与商界的广泛关注，赋能成为数字经济研究的核心内容。目前，数字经济的赋能研究主要从宏观与微观两个层面展开，并对其作用机制进行了理论探讨与实证检验。

3.1.1　宏观的数字经济赋能

宏观层面的相关研究主要关注数字经济对区域经济与经济高质量发展的赋能效应。Brynjolfsson 和 Collis（2019）认为，数字经济通过要素配置优化、规模经济、产业融合和创新驱动等机制赋能经济发展。Pan 等（2022）讨论了数字经济与全要素生产率之间的关系，发现数字经济对全要素生产率的广泛、可持续发展具有创新驱动作用，但数字一体化对全要素生产率高质量增长的促进作用存在区域差异。田秀娟和李睿（2022）将数字技术发展纳入熊彼特内生增长模型，分析数字技术在制造业与金融业的应用对产业结构转型升级以及经济增长的异质性影响，发现数字经济在生产部门的应用会长期促进产业结构优

24

化调整，深化实体经济的数字化转型，推动经济高质量发展；数字技术与金融部门的深度融合在短期内因融资约束缓解而显著带动高技术产业发展，促进产业结构转型升级，并加快经济增长动能转换。洪银兴和任保平（2023）认为，数字经济与实体经济的深度融合是促进经济高质量发展的重要手段，并从技术创新机制、数智赋能机制、能力提升机制、生态系统构建等方面讨论了推进数字经济与技术创新、数字经济与产业创新、数字产业化与产业数字化等深度融合的战略举措。江小涓和靳景（2022）指出，数字技术的广泛应用促进了经济的数字化转型与效率提升，并以数字技术促进分工与协作为主线，分析了数字技术提高经济效率、促进经济增长的实践路径，即通过分布式分工提高产业分工与合作效率、通过赋能生产与消费过程提升产业链融通与协同能力、通过数字空间与现实空间的全景融合创造数字孪生叠加效应。李万利等（2022）从数字化转型视角，讨论了数字经济赋能经济发展的作用机理，发现数字化转型能够显著提升实体经济投资水平，上述效应在盈利水平较低以及市场竞争程度较高的行业中表现更加明显；增强产品核心竞争力、拓展市场战略布局、提升运营管理效率是增加数字化转型赋能效应的重要路径。阳镇等（2022）研究了数字经济赋能全球价值链重构的影响效应，发现数字技术驱动的全球价值链以成本节约效应、产业链赋能效应以及出口增值效应重塑全球价值链的分工形态与分工地位，但数字经济时代全球价值链也面临突出的风险；在全球价值链空间布局与利益分配方面，数字技术的深度赋能会带来全球价值链重构与回流，全球价值链分工环节的失衡与数字鸿沟加剧世界经济不平等。韩晶等（2022）分析了数字经济赋能绿色发展的路径选择，认为数字经济对绿色发展的赋能效应主要表现为要素融合与精准匹配带来的企业成长与产业优化，为绿色发展建构涉及政府、企业与公众等主体的多元治理体系，并从提升技术创新能力、推动传统产业转型、加强新型基础设施建设、加速建立现代流通体系、加快政府数字化转型等方面提出绿色发展的实践路径。

3.1.2 微观的数字经济赋能

微观层面的相关研究主要从数字技术应用视角分析数字经济赋能企业经营管理的作用机制与效果。Saida 等（2021）从产品概念、数据获取及市场反馈等过程分析了数字技术如何提升企业经营管理效率、促进企业实现战略转型。Haaker 等（2021）从价值主张、价值传递与价值获取等角度分析了数字技术推动商业模式创新，进而促进企业构筑竞争优势的过程机理。Szalavetz（2019）、Blichfeldt 和 Faullant（2021）以智能制造为研究情境，发现数字技术应用不但提升了制造企业的智能制造水平，而且对创新能力与企业绩效具有显著的正向影响。Fernández-Rovira 等（2021）以大数据分析技术为例，讨论了数字技术赋能企业经营管理的作用效果，发现数字技术是建立用户忠诚度的有效工具，帮助企业准确预测消费者行为并生成其核心竞争力。黄勃等（2023）分析了数字技术应用与中国企业高质量发展的关系，发现数字技术创新发挥了管理赋能、投资赋能、运营赋能与劳动赋能功能，有助于企业降低内部管控成本，提高投资决策质量与资产运营效率，改善劳动力资源结构，从而促进企业全要素生产率的增长；完善的知识产权保护体系与数字基础设施将会增大数字技术创新对企业生产率的积极影响；对于高新技术企业以及劳动密集型企业，数字技术创新的生产率效应更为显著。吕铁和李载驰（2021）发现，数字技术应用推动用户以多种形式参与到企业的研发、制造、营销等价值创造过程，改变企业创造价值方式；数字技术用数据逻辑强化了企业对生产、运营的管控，提高价值创造的效率；数字技术在产业链中的集成与流动，促进企业间的专业化分工与网络化合作，拓展了价值创造的载体。王文娜等（2023）从价值链视角讨论了价值链数字化对企业技术创新的赋能效应，发现价值链数字化能够显著提升企业创新绩效，并通过信息共享效应、知识溢出效应、资源集聚效应三个中介路径促进企业创新绩效的提升，价值链数字化对中小型企业创新赋能边际影响更大。李煜华等（2022）讨论了数字技术应用对制造企业服务化转型的驱动作用，发现制造企业对数字技术的深度应用显著促进了资源拼凑行动实施和动态能力提升，进而驱动制造企业财务绩效与非财务绩效的差异化增长，技术动荡性对上述过程起到了正向调节效应。阳镇（2023）考察了数字经济赋能企业高质量发展的主要模式，发现数字经济驱动企业高质量发展具有全新的内在驱动机制，包括数据要素形成全新的生产要素、以数字创新形成全新的生产动能、以新的交易机制实现交易成本节约效应以及以全新的组织学习与知识获取方式形成知识创新机制，并从研发赋能（开放式创新与用户创新）、制造赋能（智能制造）、组织管理赋能（组织交互数字化重构）、价值链赋能（全球价值链升级）等方面讨论了数字经济赋能企业高质量发展的多种模式。

3.2　开放式创新的相关研究

2003 年，Chesbrough 首次提出了开放式创新（open innovation）的概念，认为全球化竞争使产业分工与技术标准不断细化，任何企业都无法独立完成从模糊前端到产品研发直至产品交付的全部技术创新活动；传统的封闭式创新不但需要企业投入庞大的创新资源，而且会导致整个经济系统内创新资源的重复投入，令企业陷入同质化竞争的经营困境；相反，开放式创新不仅有利于扩大企业的创新资源获取渠道，而且会促进企业开发商业机会并拓展利润空间。Chesbrough（2003）指出，开放式创新是一种新颖的技术创新范式，要求企业将内部知识与外部知识置于同等重要的地位，像使用内部知识那样，积极、灵活地引进并使用外部知识，同时主动将内部知识转让或共享给外部创新主体，从而在广泛的业务领域中将企业的创新成果推向市场、获取丰厚的创新收益。开放式创新提出了一种全新的创新理念，主张企业弱化对知识的占有与控制，认为企业所需要的知识既可由自身创造，也可来自外部创新主体，特别是对于一些稀缺性知识，从外部引进比内部创造往往会节约更多的创新成本；同样，对于企业创造的新知识（技术、专利与经验等），既可以通过企业自身的渠道开发知识的商业价值，也可以借助外部创新主体实现创新成果转化。随着开放式创新实践的不断普及，越来越多的学者开始加入其研究领域，开放式创新的概念内涵也在实践的历练中不断发展与完善。近年来，随着创新民主化、分布式创新等理念的出现（Von Hippel，2005），开放式创新的概念内涵得到进一步升华。2012 年，Chesbrough 对开放式创新的概念进行了重新定义，认为开放式创新是组织有目的地引进外部知识或向外界输出内部知识，以跨组织知识转移为载体，为获取经济或战略收益而实施的一种分布式创新活动。从此，开放式创新的概念内涵得到学界的广泛认同，并随着学术研究与管理实践的深入发展逐渐进化为一个系统的理论体系。

3.2.1 开放式创新的类型

目前，多数学者从知识转移视角将开放式创新界定为内向开放式创新（inbound open innovation）与外向开放式创新（outbound open innovation）两种类型。内向开放式创新指企业从外部获取创新所需的知识，将其吸收并整合到内部知识库之中，通过新知识的创造与利用来扩大创新收益的过程。内向开放式创新借助与学研机构、供应商、用户、中介组织甚至竞争对手建立合作关系而实现知识由外而内的转移，扩大企业的异质性知识来源。例如，企业与学研机构建立合作关系，引进后者的基础研究成果；企业与供应商建立战略联盟，利用后者的市场信息来预测原料的价格变化趋势。外向开放式创新指企业以共享或收费的方式，有选择性地向外部创新主体输出内部"闲置"的知识，由后者来开发知识的商业价值的活动，包括技术许可、特许经营与业务外包等典型合作模式。Lichtenthaler（2009）对外向开放式创新的研究表明，技术动荡程度、技术市场交易频率以及技术市场竞争强度会增强外向开放式创新的效率，专利保护程度的作用则反之。Wang等（2015）发现，内向开放式创新是企业与外部创新主体开展横向与纵向技术合作的前提条件，与外界建立广泛的合作关系有助于提高内向开放式创新的效率。张振刚等（2015）发现，内向开放式创新与外向开放式创新对企业创新绩效均具有显著的正向影响，企业对知识的实际吸收能力在内向开放式创新与外向开放式创新对企业创新绩效的影响中发挥完全中介效应，潜在吸收能力负向调节内向开放式创新与企业创新绩效之间的关系，正向调节外向开放式创新与企业绩效之间的关系。陈钰芬和陈劲（2009）发现，开放式创新通过获取市场信息资源与技术资源来弥补企业内部创新资源的缺陷，从而提高企业创新绩效。易锐和夏清华（2018）对新创企业的研究表明，内向与外向开放式创新通过提高用户敏捷性与伙伴敏捷性来增强新创企业的抗风险能力，创新网络的闭合性正向调节开放式创新与用户敏捷性以及伙伴敏捷性之间的关系。张洁等（2015）认为，内向开放式创新与外向开放式创新可以相互补充，为企业解决探索式学习与利用式学习的二元难题提供了解决思路，企业可以选择构建战略联盟、并购等方式同时开展探索式学习与利用式学习，从而促进企业绩效的提升。然而，Cassiman和Valentini（2016）对比利时制造企业的研究表明，内向开放式创新与外向开放式创新往往相互独立存在，二者之间不存在显著的互补关系。

此外，一些学者从合作开放程度，将开放式创新分为深度开放式创新与广度开放式创新两种模式（Laursen和Salter，2006）。广度开放式创新用来衡量企业与不同外部创新主体（学研机构、用户、供应商、零售商、中介组织、政府与竞争对手等）的合作数量，外部创新主体越多，开放式创新的广度越大。深度开放式创新指企业与外部创新主体合作的专业化程度，专业化程度越高，开放式创新的深度越大。Laursen和Salter（2006）发现，与广泛的外部创新主体建立合作关系，已成为企业获取创意、灵感与经验的重要手段，促进广度开放式创新的实践普及。闫春和蔡宁（2014）发现，广度开放式创新与深度开放式创新通过创新导向与商业模式的中介机制影响企业创新绩效。韦铁和鲁若愚（2011）使用博弈论，分析企业、供应商与用户之间的深度开放式创新，发现合作深度的不断提升会提高合作伙伴参与开放式创新的动力，有利于增进各个合作参与方的创新收益。郭蔚（2016）分析了广度开放式创新与深度开放式创新对企业知识吸收能力的正向促进作用。

3.2.2 开放式创新的实践效果

目前，学界主要从创新绩效与企业绩效两个角度，讨论开放式创新的实践效果，但研究结论存在分歧。关于创新绩效，Sisodiya 等（2013）发现，企业通过开放式创新获取外部知识，能够促进自身的工艺与产品创新，对创新绩效具有显著的正向影响。Chiang 和 Huang（2010）以制造企业为研究对象，从组织学习视角分析了开放式创新对颠覆式创新与渐进式创新的影响，发现开放式创新与上述两种创新活动的绩效表现之间存在正相关关系。Bahemia 和 Squire（2010）发现，广度开放式创新与深度开放式创新对新产品开发绩效具有正向促进作用，创新类型、产品复杂度与独占性对上述关系具有正向调节效应。Salter 等（2014）发现，开放式创新对新产品开发绩效与企业竞争优势具有显著的正向影响。古继宝等（2017）基于创新能力视角的研究表明，内向开放式创新通过创新质量与创新速度正向影响新产品开发绩效，外向开放式创新仅通过创新速度促进新产品创新绩效的提升。Laursen 和 Salter（2006）对英国制造企业的研究表明，广度开放式创新、深度开放式创新与创新绩效之间呈倒 U 形关系。Almirall 和 Casadesus-Masanell（2010）通过仿真分析考察了企业在开放式创新与封闭式创新之间的权衡问题，发现开放式创新虽然可以促进企业的产品开发，但是当企业与合作伙伴持有不同的战略目标时，企业实施开放式创新反而会降低其创新绩效并导致知识泄露。Felin 和 Zenger（2014）认为，开放式创新是涉及个体、部门与组织等多层面、跨领域的合作，尽管组织间的知识转移与创新资源共享能够产生超越个体能力的协同效应，但是创新所固有的复杂性与不确定性却时刻影响着组织间的合作效率；为提高创新绩效，企业与合作伙伴应将管理重心集中到完善知识共享与合作努力的激励机制方面，而非一味地关注个体的经济利益与资源投入回报。

关于企业绩效，Lichtenthaler 和 Ernst（2009）分析了以专利许可与技术出售为表现的外向开放式创新，发现外向开放式创新不但有助于提升企业绩效与行业声誉，而且促进企业竞争优势的生成。Hung 和 Chou（2013）基于外部环境与企业内部能力视角的研究表明，内部研发投资和市场动荡性正向调节外向开放式创新与内向开放式创新对企业绩效的正向影响，技术动荡性则会正向调节内向开放式创新与企业绩效的关系。马文甲等（2020）发现，开放式创新的战略导向与模式对企业绩效有差异性影响，针对不同的开放式创新战略导向，企业应选取不同的开放式创新模式，使二者匹配以实现最佳企业绩效。郭海（2022）以技术购买与合作研发两种开放式创新模式为例，分析了开放式创新与数字创业企业绩效的关系，发现技术购买与数字创业企业绩效之间呈倒 U 形关系，合作研发与数字创业企业绩效之间呈 U 形关系，企业技术能力对上述关系具有正向调节效应。

3.2.3　数字经济下开放式创新的相关研究

近年来，伴随数字技术的不断成熟与广泛应用，数字经济下的开放式创新吸引了学界的研究兴趣。Nambisan（2017）认为，数字技术为企业与外部创新主体的广泛合作提供了新的互动场景与应用界面，使组织间分布式、高通量、大规模的知识转移成为可能，推动开放式创新的实践普及。Teece（2018）认为，企业借助数字技术可完成对产品、业务流程与商业模式的优化升级，使数字创新成为数字经济下技术创新的新内容。Del Vecchio 等（2018）认为，数字经济使开放式创新涌现出新的合作模式，数字创新生态系统将取代创新网络成为企业开放式创新的重要实践场景。金珺等（2020）指出，开放式创新在数字技术的助力下将取得更高水平的创新绩效，组织间的知识转移与知识创造效率也将获得大幅度提升。然而，一些研究发现，数字经济在推动开放式创新的过程中也在展现"创造性破坏"（刘洋等，2022），诱发各种潜在与现实的合作风险。由于不同创新主体之间存在的数字基础设施、数字化能力、数字战略思维与组织惯性等差异，处于资源与能力劣势的企业更容易在开放式创新中遭受合作伙伴的算法歧视、数据操纵与信息滥用等新型机会主义行为的威胁，产生知识泄露、技术锁定、利润萎缩、控制权丢失等合作风险，最终降低开放式创新的合作效率与利润回报（张蕴萍和栾菁，2021；李韬和冯贺霞，2023；刘天语等，2023）。在数字经济情境下，如何治理开放式创新的跨组织合作风险成为创新管理领域有待探讨的迫切问题。

3.3　价值共创的相关研究

价值共创是企业战略的重要组成部分，指企业与利益相关者（用户、供应商、零售商、学研机构、中介组织与社区等）共同为用户创造价值的活动。价值共创的早期研究集中于企业与用户的二元关系，考虑企业如何在模糊前端、产品研发、生产制造直至产品交付的过程中吸引用户参与，通过企业与用户的互动与合作来提升对用户需求的了解，从而改进产品与服务的质量。随着理论研究的深入与产业实践的日益普及，价值共创的研究内容从企业与用户的二元关系，演化为企业与利益相关者的多元关系，涉及创新管理、服务型制造与供应链管理等研究领域。目前，价值共创的相关研究主要集中在前因条件、实践效果与内在结构等主题，三者之间相辅相成，共同推动价值共创的理论建构。

3.3.1 价值共创的前因条件与实践效果

关于价值共创的前因条件。张新民和陈德球（2020）通过案例分析方法，考察了移动互联网产业中商业模式创新、公司治理变革对企业财务管理实践与价值共创的影响，发现商业模式创新能够降低企业运营成本、拓展商业机会，对企业与用户、供应商、零售商之间的价值共创具有正向促进作用。简兆权和肖霄（2015）以服务创新为研究对象，发现服务供应链中供应商、核心企业、零售商之间的互动以及服务集成商对供应链资源的整合是驱动价值共创的前提条件，服务集成商与顾客的互动为服务创新提供了动机和来源。王发明和朱美娟（2018）以创新生态系统的价值共创为研究对象，发现创新生态系统服务与技术突破的满意程度、价值取向、资源共享制度、领导企业信任程度以及环境驱动因素等是影响创新生态系统价值共创的前因条件。张婧和何勇（2014）以知识密集型企业为研究对象，分析了企业的服务主导逻辑、资源互动、价值共创与顾客价值认知之间的逻辑关联，发现服务主导逻辑通过提升企业与用户之间的资源互动与价值认知，共同促进价值共创活动的开展。廖民超等（2023）以制造企业为研究对象，考察了数字平台能力对制造企业服务创新的影响，发现数字平台能力对价值共创具有正向影响，并通过价值共创的中介机制促进制造企业服务创新绩效的提升。白景坤等（2020）以平台企业的知识治理为研究情境，将知识治理分为市场型、层级型与社会型等三种模式，发现市场型与层级型知识治理对价值共创具有积极影响，但社会型知识治理对价值共创的影响不显著。

关于价值共创的实践效果。周文辉（2015）以中小型制造企业为研究对象，讨论了知识服务、价值共创与企业绩效之间的关系，发现知识服务（包括创新规划、需求管理、团队建设与流程规范）与价值共创（包括价值共识、价值共生、价值共享与价值共赢）的交互作用对企业绩效的正向影响。王琳和陈志军（2020）基于资源依赖理论，从结构依赖与过程依赖双重视角剖析新创企业价值共创的内在逻辑，发现以资源交换、资源整合与资源优化为表现的价值共创活动分别在渐进型创新阶段、适度型创新阶段以及根本型创新阶段对新创企业的即兴能力发挥正向促进作用。Shi 等（2020）探讨了与供应商、竞争者、零售商的价值共创行为对企业运营绩效、财务绩效与创新绩效的差异化影响。朱勤等（2019）从互联网平台企业的赋能视角出发，研究了互联网平台赋能对企业绩效的影响，探究了价值共创所发挥的中介效应，检验了互联网平台赋能通过价值共创对企业绩效的正向影响。孙璐（2016）通过案例分析，讨论了企业信息交互能力、价值共创与竞争优势之间的关系，发现信息交互能力会促进企业与用户、合作伙伴等价值网络成员之间的价值共创，以此构建并维持企业竞争优势。

3.3.2　价值共创内在结构

目前，价值共创的内在结构尚无定论，学者们主要从企业与用户的二元视角以及企业与利益相关者之间的多元视角讨论了价值共创的维度构成。

关于企业与用户二元视角的维度划分。Yi 和 Gong（2013）指出，企业与用户之间的价值共创由用户参与行为与用户公民行为两个维度构成，用户参与行为指由用户开展的信息搜寻、信息共享、责任行为与人际关系互动，用户公民行为指用户围绕企业的产品与服务主动向其他用户实施的反馈、推荐与帮助等活动。李鹏利（2021）从个体价值与联合价值两个维度界定价值共创，个体价值从经济效益与创新能力两个方面对企业的价值创造能力进行度量，联合价值从合作满意度与关系持续性两个方面测量企业与用户之间合作形成的整体优势。王红萍（2019）则从口碑宣传、信息共享与人际互动三个维度刻画了企业与用户之间的价值共创。

关于企业与利益相关者多元视角的维度划分。Prahalad 和 Ramaswamy（2004）基于企业与利益相关者之间合作的多元关系，提出了由对话（dialog）、渠道（access）、风险评估（risk assessment）与透明度（transparency）四个维度构成的 DART 模型，不但推动了传统营销理念的转变，而且注重与用户建立有意义的沟通机制并基于价值共创来建立长期的相互信任关系。Payne 等（2008）从用户价值创造、供应商价值创造以及二者间的互动三个维度刻画企业与利益相关者之间的价值共创，用户价值创造指由用户来管理其价值创造的过程、资源与实践，供应商价值创造指由供应商来管理其与其他利益相关者价值创造的过程、资源与实践。朱勤等（2019）、张华和顾新（2022）将企业与用户、供应商等利益相关者之间的价值共创界定为联合计划、联合求解与合作柔性三种机制。戴亦舒等（2018）以创新生态系统为研究对象，发现创新生态系统中不同创新主体通过开放协作与互补性资产投入两个机制开展价值共创，以此满足自身价值获取目标以及生态系统的整体目标；创新生态系统各类创新主体通过开放协作来共享资源，为中小企业与初创企业提供互补性资产，帮助中小企业与初创企业提升创新能力与经营绩效。

3.4 协同治理的相关研究

在跨组织合作中，普遍存在的非对称信息与不确定性，使企业往往难以充分了解合作伙伴的真实动机与行为，为机会主义与利己行为提供可乘之机，选择恰当的治理策略监督与控制个体的合作行为成为必然选择（Cao 和 Lumineau，2015）。创新管理的研究内容尽管经历了时代、技术与市场的不断变化而日新月异，但治理企业与合作伙伴的合作行为始终是创新管理研究关注的重要问题之一（Poppo 和 Zenger，2002；Arranz 和 De Arroyabe，2012；彭珍珍等，2020）。从事跨组织合作治理研究的很多学者认为，选择适宜的治理策略不但可以激励与约束个体的合作行为，而且能够降低合作风险，从而促进长期而稳定合作关系的形成。依据不同的理论范式，既有研究逐渐形成了以交易成本理论为基础的契约治理（contractual governance）以及基于关系交换理论的关系治理（relational governance）两种治理策略（Williamson，1985；MacNeil，1980；Cao 和 Lumineau，2015）。契约治理侧重于通过正式的、书面的契约来维护合作关系，强调法律约束与制度刚性；而关系治理更侧重于信任、关系规范等非正式控制机制，更加重视合作关系的灵活性与长期性。两种治理策略各有利弊，在实际应用中往往会结合使用，以适应不同的交易特点与环境条件，因此被很多学者称为协同治理（collaborative governance，Arranz 和 De Arroyabe，2012）。

3.4.1 契约治理的相关研究

契约治理是一种基于正式的契约、规则与制度来界定合作参与方的权责关系、利益分配与履约程序等合作细则，试图在签订契约时便对个体的机会主义与利己行为产生威慑作用，从而降低合作过程中的不确定性与潜在风险的一种治理策略（Li 等，2009）。契约治理的优势在于，通过详细的契约条款界定了清晰的权利与义务，使合作参与方可以明确地预测契约范围之内的行为与结果；借助法律约束力保障合作各方的基本权益，并为解决合作纠纷提供具有公信力的仲裁依据，因此能够为合作参与方提供清晰的指导与保护（Williamson，1985）。然而，契约治理也存在"不完全契约"、柔性缺失等劣势。由于个体有限理性，合作参与方往往难以将所有合作中的"或然事件"写入契约条款，由此订立的"不完全契约"将为合作中的机会主义与利己行为创造生存空间，降低契约条款的约束力度（Poppo 和 Zenger，2002）。此外，合作参与方过分依赖契约条款可能限制合作柔性，特别是在不可预见或迅速变化的市场环境中，起草、协商、执行与监督契约均可能导致高昂的交易成本，对一些长期合作关系的建立与维护产生负面影响。因此，契约治理往往需要与其他治理策略相结合，取长补短，产生更有效的治理效果。目前，契约治理在创新管理中的研究主要集中在创新绩效与知识转移两个领域，但研究结论莫衷一是。Wang 等（2011）发现，契约治理能够抑制合作创新中的机会主义行为，对企业创新绩效产生正向影响。赵振（2016）认为，治理策略会影响合作创新的决策权、利益格局、激励机制与冲突调解，契约治理与合作创新绩效之间存在倒 U 形关系，即契约治理由于制度刚性、"不完全契约"等问题对合作创新绩效也会产生一定的负面影响。谭云清（2017）以国际外包业务中的服务提供商为研究对象，从知识转移角度讨论了契约治理与服务提供商获取外部知识的关系，发现契约治理对服务提供商获取显性知识具有正向影响，对于其获取隐性知识具有负向影响。Li 等（2009）发现，当企业与合作伙伴具有一致的合作目标时，契约治理对企业从合作伙伴处获取显性与隐性知识均具有显著的正向促进作用。刁丽琳和朱桂龙（2015）对产学研联盟的研究表明，契约治理对产学研联盟成员之间的显性知识转移具有正向影响，但会抑制成员之间的隐性知识转移。

3.4.2 关系治理的相关研究

关系治理正视不确定性与个体有限理性，通过互利互惠、共同愿景、集体行动等机制所产生的"自我履约"（self-enforcing）行为，减少组织间相互监督与讨价还价过程的交易成本（MacNeil，1980），并弥补契约中的"或然事件"所导致的制度漏洞（Poppo 和 Zenger，2002），形成对契约治理的有益补充（Bouncken 等，2016）。在关系治理的研究领域，以何种机制激励与约束个体的合作行为始终是学者们关注的重要问题。经过多年发展，关系治理逐渐形成了以信任与关系规范等社会控制手段为核心的理论体系（Cao 和 Lumineau，2015；Zhou 等，2015）。信任是个体对合作伙伴所产生的积极合作预期并有意为之承担风险的一种意愿（Poppo 和 Zenger，2002）。关系规范（relational norms）是为了维护合作关系所必备的一系列共识、习惯与行为准则。创新管理领域的大量研究表明，信任与关系规范能够促进共同愿景与集体行动的形成，调动个体的"自我履约"行为（MacNeil，1980），进而对合作效率与创新绩效产生正向影响。

Poppo 和 Zenger（2002）指出，信任与关系规范会随着时间推移而增进组织间的理解与收益预期，进而激励组织的专用性资产投资、降低非对称信息与不确定性所导致的合作风险。Liu 等（2009）对中国家电行业中制造商与分销商合作关系的研究表明，信任与关系规范对组织间的合作绩效具有正向影响。他们指出，在动荡的竞争环境中，契约、法律对企业行为的约束能力有限，而组织间的信任与关系规范一旦建立则会有效抑制企业的机会主义行为。Lai 等（2012）对物流外包行业的研究发现，信任与关系规范有助于提高组织间的相互承诺与长期合作预期，使企业与合作伙伴以彼此认可的行为方式开展合作。进一步，Wallenburg 和 Schaffler（2014）以德国物流行业的战略联盟为研究对象，发现随着合作关系的延续，组织的技术、资金等专用性资产投入也将不断累积；为避免因合作破裂所带来的投入损失，很多组织会选择通过信任与关系规范解决合作纠纷。Zhou 等（2015）考察了制造商营销渠道的跨组织合作问题，指出信任与关系规范会引导组织间相互提供准确、全面而及时的信息来解决各种合作问题，从而促进组织间合作绩效的持续改进。Abdi 等（2017）对美国跨国公司的研究表明，组织间缺乏信息沟通与合作共识时，信任与关系规范能够成为契约治理的有益补充，促进组织间经营业务的顺利运行。彭珍珍等（2020）发现，在纵向竞合关系中关系治理比契约治理能够更好地提升战略联盟成员的创新绩效，关系治理作用在高度动荡的环境中更加有效。

3.5 研究评述

既有文献为本研究建立了良好的理论基础，但仍有一些研究缺口有待进一步探讨。

3.5.1 数字经济赋能开放式创新的作用机理尚不清晰

现有研究从宏观与微观两个层面分析了数字经济赋能经济社会发展与企业经营管理的作用效果，尽管学者们普遍认为数字经济是驱动企业可持续发展的重要因素，但多数研究仅从数字技术应用角度讨论了数字技术对企业经营管理（Saida 等，2021）、商业模式（Haaker 等，2021）、创新能力（Szalavetz，2019）的影响，研究内容尚停留在数字技术应用的表象层面，对数字经济运行的底层逻辑缺乏深入剖析。特别是在创新管理领域，仅有少量研究关注数字经济下开放式创新与企业绩效之间的关系，对数字经济赋能开放式创新的作用机理缺乏深入挖掘。该领域的理论研究已滞后于管理实践发展的迫切需求，一定程度上弱化了其研究结论的实践指导意义。因此，在数字经济蓬勃发展的现实背景下，讨论数字经济赋能开放式创新的作用机理不但有助于填补现有研究缺口，而且是理论指导实践的关键环节。

3.5.2 数字经济下开放式创新的价值共创机制不甚明确

价值共创的现有研究已从关注企业与用户的二元关系，演化为聚焦企业与利益相关者的多元关系，研究内容集中在前因条件（张新民和陈德球，2020；王发明和朱美娟，2018）、实践效果（王琳和陈志军，2020；Shi 等，2020）与内在结构（Yi 和 Gong，2013；李鹏利，2021）等主题，但较少研究关注数字经济下开放式创新过程的价值创造问题，实证研究成果亦较为匮乏。开放式创新以知识转移为载体，虽然按照知识转移方向可分为内向开放式创新与外向开放式创新或深度开放式创新与广度开放式创新等多种表现，但在本质上是多元化创新主体围绕知识转移而开展的价值创造活动（Chesbrough，2003；Lichtenthaler 和 Lichtenthaler，2009；Han 等，2012），剖析数字经济下有利于开放式创新实践的价值共创机制，不但可以深入诠释数字技术应用影响技术创新的新问题与新现象，而且可为揭示数字经济赋能开放式创新的作用机理提供理论支持。

3.5.3 数字经济下开放式创新的治理问题需要深入剖析

数字经济下开放式创新的治理问题已引起国内外学者的广泛关注，但相关研究尚处于起步阶段。既有文献集中考察了数字经济下算法歧视、数据操纵与信息滥用等新型机会主义行为所诱发的知识泄露、技术锁定、利润萎缩、控制权丢失等合作风险（张蕴萍和栾菁，2021；李韬和冯贺霞，2023；刘天语等，2023），但对产生上述风险的内在原因缺乏深入探讨，采用何种手段治理开放式创新的跨组织合作风险仍是一个具有挑战性的话题。在开放式创新实践中，企业与合作伙伴只有在密切互动的情境下才能充分实现知识转移与价值共创，因此建立与维护稳定的合作关系对于促进开放式创新的高效运作具有至关重要的作用。在研究视角上，多数文献局限于开放式创新的某一类跨组织合作风险，忽视了数字技术应用与开放式创新价值共创过程的交互作用对个体合作行为的影响，未能从数字经济赋能的全局视角剖析开放式创新治理问题的本质，使得创新管理领域仍缺少一个系统性的理论研究框架解读数字经济下开放式创新治理问题的内在机理。

3.5.4 数字经济下提升开放式创新绩效的前因条件有待检验

在创新管理领域，虽然学者们普遍认为选择适宜的治理策略是激励与约束个体合作行为，降低合作风险并建立长期而稳定合作关系的重要保障（Poppo和Zenger，2002；Arranz和De Arroyabe，2012；彭珍珍等，2020），但较少关注数字经济下开放式创新的新问题与新现象，治理策略与开放式创新绩效之间的互动关系仍十分模糊。事实上，开放式创新作为多元创新主体参与的分布式创新活动，组织间的协同治理与价值共创机制将共同影响开放式创新的合作效率与创新绩效。选择适宜的治理策略是解决数字经济下开放式创新治理问题的关键所在，灵活利用协同治理与价值共创机制是提升开放式创新绩效的重要手段。因此，从协同治理与价值共创机制的组态视角，探讨促进高水平开放式创新绩效的前因条件具有重要的理论与实践意义。

综上所述，本研究将基于知识基础观、价值共创、交易成本等理论，从数字赋能与知识转移的二元视角，考察企业在数字经济下实施开放式创新的价值共创机制，分析多元创新主体间合作风险的表现与成因，探究组织间协同治理与价值共创机制的组态效应和开放式创新绩效的影响机理，进而为开放式创新的相关研究与企业的管理决策提供兼具科学性与可行性的理论参考。

第4章 开放式创新价值共创机制与
数字赋能的互动机理

本章将在上文的理论梳理与文献回顾的基础上,聚焦数字经济下企业开放式创新的管理实践,探究有助于推动开放式创新的价值共创机制,分析数字经济如何赋能组织间合作互动、知识转移与价值创造,从而为后续章节进一步讨论数字经济下开放式创新的合作风险与治理对策建立理论框架。首先,针对现有研究缺口,从数字赋能与知识转移的二元视角,遵循"能力—机制—绩效"的逻辑线索,提出理论模型的初步构想。其次,采用多案例对比分析的研究方法,以来自电气机械和器材制造业、汽车制造业、家电制造业的3家上市公司为典型案例开展实地调研,借助企业高层管理人员的深度访谈、现场考察、网络信息收集、媒体宣传汇编等手段整理研究资料并建立案例库。最后,根据案例分析的研究范式,对初始资料进行数据清洗、筛选与编码,界定一阶概念、二阶主题与聚合构念,讨论变量之间的内在联系,经过案例分析与理论推演的交叉验证,构建数字化能力影响开放式创新价值共创及其创新绩效的概念模型,进而揭示数字经济赋能开放式创新的作用机理。

4.1 问题提出

21世纪以来,随着全球化竞争的不断加剧、产业技术的迭代升级以及产品复杂性的持续攀升,越来越多的企业发现依靠自身资源与能力的封闭式创新日渐成为制约其可持续发展的重要障碍,以包容、共享、互动为特色的开放式创新应运而生(Chesbrough,2003)。开放式创新试图打破传统的技术创新范式,通过企业与外部创新主体(包括学研机构、中介组织、用户甚至竞争对手)的广泛合作,扩大市场影响、提升创新效率,进而拓展利润回报或战略收益(Chesbrough等,2018)。在实践中,开放式创新以知识转移为载体并按照知识转移方向分为内向开放式创新与外向开放式创新两种，其本质是多元化创新主体围绕知识转移而开展的价值创造活动（Chesbrough，2003；Lichtenthaler 和 Lichtenthaler，2009；Han 等，2012）。Chesbrough 等（2018）、West 和 Boger（2014）、Han 等（2012）强调，价值共创是决定开放式创新成败的关键，有效的价值共创机制不但会扩大企业与外部创新主体的合作范围、促进组织间共同创造与分享价值，而且能够为企业带来不同领域的专业见解、技术与经验，进而提高技术创新的效率与质量。因此，探讨有助于开放式创新的价值共创机制受到学界的持续关注。

近年来，数字经济已成为人类社会的主要经济形态。大数据、云计算、人工智能等数字技术的迅猛发展与普及正在全面颠覆组织间的连接方式、资源配置与交易模式，使开放式创新成为企业技术创新的主流范式。数字技术在企业创新活动的模糊前端、产品研发、商业化（知识价值转化）等阶段得到广泛应用，涌现出华为开发者联盟平台、海尔 HOPE 平台、阿里云 ET 城市大脑、之江实验室等成功案例，极大地拓展了开放式创新的应用场景，促进组织间知识转移与战略协同（金珺等，2020）。实践表明，数字经济的崛起为企业带来新的技术、方法与战略机遇，在内涵与外延上改变企业技术创新的底层逻辑，对企业绩效、核心能力与竞争优势产生深远影响。数字经济下开放式创新的新问题与新现象正在掀起学界的新一轮研究热潮，相关研究主要包括两个主题。

一方面，学者们从技术应用角度，检验了数字技术对开放式创新与企业绩效的影响。例如，Urbinati 等（2020）指出，数字经济时代的开源软件和开源文化变得更为普及，数字技术使企业更加便捷地获取、共享与创造知识，有效推动开放式创新的顺利实施；金珺等（2020）发现，数字经济下开放式创新与企业绩效之间存在正相关关系，并进一步探讨了知识分享、利用、转移与创新等知识管理活动在开放式创新与企业绩效之间的中介效应；Wu 等（2021）发现，企业在组织内部与外部应用数字技术对开放式创新绩效均具有正向影响，吸收能力在数字技术应用与开放式创新绩效之间发挥部分中介效应；贾西猛等（2022）对中国上市公司的实证研究发现，数字技术应用能够降低组织间的非对称信息、抑制知识垄断并削弱技术锁定效应，从而对开放式创新的广度（合作范围）与深度（技术创新专业程度）产生正向影响，市场集中度、经济政策不确定性对上述关系发挥负向调节效应；郭海和韩佳平（2019）对新创企业的研究表明，数字技术应用能够显著提升开放式创新深度，并通过商业模式创新改善新创企业绩效；杨震宁等（2021）从创新网络视角，分析了数字经济下开放式创新与企业绩效之间的关系，发现企业过度嵌入全球创新网络会带来更高的交易成本，对创新绩效产生负面影响；庞瑞芝和刘东阁（2022）讨论了数字技术应用通过学习效应和竞争效应对开放式创新的影响，发现数字技术应用与企业绩效之间存在倒 U 形关系，这一现象在高新技术产业以及知识产权保护程度较高的产业中表现更为显著。

另一方面，一些学者从动态能力角度，分析了数字化能力（digitalization capabilities）与开放式创新的关系。他们认为数字技术应用仅关注具体的技术操作与使用，属于数字经济的初级形态，在数字技术迭代升级的市场环境中对开放式创新的影响是短暂而不可持续的；因此，为了长期发展，企业应该将数字技术应用的重心集中于综合性、战略性素质的养成，以动态、发展的眼光培育数字化能力，从而在数字经济下实现从数字技术应用到赋能创新过程的核心能力跃迁。例如，Annarelli 等（2021）指出，数字化能力是企业在数字经济下理解、采用与驾驭数字技术的"高阶能力"，并从动态能力角度界定了数字化能力所具有的认知、应用、管理与创新等功能；Lenka 等（2017）通过分析数字化能力对用户创新行为的作用机制，从智能（感知与获取数据）、连接（智能产品无线连接）、分析（数据分析与商业智能）等方面界定了数字化能力的多维结构；Ritter 等（2020）对 B2B 企业的研究表明，数字化能力涉及数据生成与传输、数据使用许可与数据分析等具体能力表现；Proksch 等（2021）强调，数字化能力是企业使用数据资源为自身、用户与供应商创造价值的能力；Li 等（2019）认为，数字化能力是企业将数据资源应用于创新管理、财务管理、供应链管理及用户服务等业务活动的能力；Wu 等（2020）基于案例分析的研究表明，借助数字化能力来实施开放式创新是制造企业在数字经济中构筑竞争优势的重要途径，资源整合是影响数字化能力与开放式创新之间关系的边界条件；张华和顾新（2022）以制造企业为研究对象，发现数字化能力对开放式创新与企业绩效具有正向促进作用，开放式创新在数字化能力与企业绩效之间发挥中介效应；Wang 等（2023）进一步考察了内向开放式创新与外向开放式创新的战略平衡在数字化能力与企业可持续发展之间的桥梁作用。

上述文献为本研究建立了良好的理论基础，但仍有一些问题有待深入探讨。①虽然学者们普遍认为数字技术是影响开放式创新的重要前因条件，但研究结论存在分歧。数字技术对开放式创新的促进作用已被多数学者证实，但其与企业绩效之间却存在正向、负向与非线性等多种关系（郭海和韩佳平，2019；杨震宁等，2021；Wu 等，2021；庞瑞芝和刘东阁，2022），尚缺乏一个系统性的理论框架诠释数字经济赋能开放式创新的过程机理。②既有文献从动态能力视角讨论了数字化能力对开放式创新的直接作用及其边界条件（Wu

等，2020；张华和顾新，2022），但相关研究尚处于起步阶段，数字化能力影响开放式创新的内在机理缺乏深入剖析。事实上，开放式创新是企业与外部主体共同开展的价值创造活动，不同创新主体之间需要建立紧密的合作关系，在持续的沟通互动中保障既定合作目标的达成（Chesbrough，2003；Lichtenthaler 和 Lichtenthaler，2009），高效的价值共创机制是决定开放式创新成败的关键（Han 等，2012）。因此，从价值共创的机制设计角度分析数字化能力对开放式创新的影响，可以更为深入地揭示数字经济赋能开放式创新的作用效果，从而为数字经济下企业实施开放式创新提供有针对性的实践指导。③尽管一些学者认为数字化能力较数字技术应用更有利于分析数字经济对技术创新范式的改变，但出于不同的研究情境，数字化能力的维度构成尚未形成理论共识（Lenka 等，2017；Annarelli 等，2021；Ritter 等，2020）。对于数字化能力的相关研究而言，提炼具有跨行业的共性特征、符合数字经济客观规律的维度构成，是值得深入挖掘的重要议题。

　　综上所述，鉴于数字化能力在企业经营发展中的重要作用，本研究基于知识基础观与动态能力理论，从数字赋能与知识转移的二元视角，通过多案例分析的研究方法，考察数字化能力影响开放式创新价值共创的作用机制。具体回答以下问题：第一，相对于数字技术应用的研究视角，数字化能力能否更为深入地刻画数字经济的理念、技术与方法在企业经营管理中的作用，如何界定具有普遍意义的数字化能力的维度构成；第二，从知识转移视角总结能够呈现开放式创新价值创造效果的关键活动，以跨组织合作为切入点提炼有助于企业实施开放式创新的价值共创机制；第三，遵循"能力—机制—绩效"的逻辑线索，分析数字化能力对开放式创新价值共创机制及其绩效的具体影响，从而揭示数字经济赋能开放式创新的作用机理。

4.2　研究设计

4.2.1　理论模型预设

（1）开放式创新的价值创造

　　知识基础观认为，知识是企业价值创造的源泉（Nonaka 和 Takeuchi，1995；Grant，1997），知识的获取、整合与商业化（知识价值转化）是价值创造的三个关键环节。随着开放式创新范式的兴起，知识基础观的研究重点从早期关注单个企业的技术创新行为转向跨组织合作的价值创造，如何促进组织间的交互学习与知识转移，成为知识基础观探讨的重要议题。

开放式创新的表象是组织间的知识转移，本质是多元创新主体间开展的价值创造活动（Chesbrough，2003）。尽管开放式创新在知识转移方向上具有内向开放式创新（引进知识）与外向开放式创新（输出知识）两种风格迥异的模式，但 West 和 Bogers（2014）、Lichtenthaler（2011）、Chesbrough（2017）等学者的观察发现，为了更加高效地实施价值创造，很多企业在实践中采用了一种开放式创新的混合模式：一方面，通过内向开放式创新引进外部知识，弥补自身的知识缺陷；另一方面，通过外向开放式创新向外界输出知识，以此开发内部知识的商业价值。鉴于此，本研究根据知识基础观以及 West 和 Bogers（2014）、Lichtenthaler（2011）、Chesbrough（2017）等学者的前期研究，从知识转移视角将开放式创新的价值创造界定为涉及知识获取、知识整合与知识价值转化等环节的系统性活动。其中，知识获取（knowledge acquisition）指企业通过多种渠道搜寻、获取与保存外部知识来开展价值创造的活动（Yli-Renko 等，2001）；知识整合（knowledge integration）是企业解构、消化外部知识并将其与内部知识有机融合，旨在促进价值创造的一系列活动（Nonaka 和 Takeuchi，1995；Grant，1996）；知识价值转化（knowledge commercialization），指企业通过输出知识（技术转让、合作研发）或在组织内部开发技术、经验、专利等知识的商业价值，从而获取利润回报或战略收益的价值创造活动（West 和 Bogers，2014；Lichtenthaler 和 Lichtenthaler，2009）。

（2）数字化能力的概念内涵

动态能力（dynamic capabilities）理论指出，企业需要在多变的市场环境中重新配置或更新现有资源来生成新的核心能力，以此塑造可持续竞争优势（Teece，2018）。动态能力揭示了异质性资源与企业核心能力的动态契合机理，已被很多学者作为分析数字经济问题的基础理论（焦豪等，2021；严子淳等，2021）。Teece（2018）、Annarelli 等（2021）、Ritter 等（2020）指出，企业需要驾驭数字技术来应对数字经济的颠覆性变革，保持竞争优势的关键在于能否在数字技术应用过程中生成灵活的数字化能力。

为分析数字经济对企业开放式创新的影响，本研究将以数字化能力为切入点，建立初始理论模型（见图4-1），基于知识基础观与动态能力理论，从数字赋能与知识转移的二元视角，通过案例分析提炼企业开放式创新的价值共创机制，讨论数字化能力的维度构成，在此基础上诠释数字经济赋能开放式创新价值共创的作用机理。

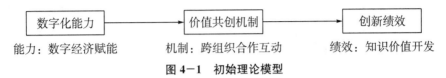

图 4-1　初始理论模型

4.2.2　研究方法

本研究将使用案例研究方法，探究数字经济赋能开放式创新的价值共创的作用机理。Yin（2009）指出，案例研究是一种建立在经验基础上的定性研究方法，旨在通过构念、命题的创建，剖析客观事物的内在本质，为解释现实问题建立理论框架或对现有理论进行检验、发展与完善。目前，案例研究已被广泛应用于管理学、社会学、心理学等学科，在回答"如何"（How）以及"为什么"（Why）等问题时表现出优异的理论解释力（Eisenhardt，1989）。对于管理学的研究议题，案例研究有助于探索组织运行的内在规律与过程机制，帮助研究者深入理解特定现象、事件或情况的复杂性及其细微差别。具体而言，案例研究具有以下优势：①以生动、翔实的语言描述客观事物的起源、现状与趋势，具有鲜明的情境代入感；②总结、提炼具有普适性的研究结论，为同类问题提供易于理解的解释与理论支持，便于理论建构与推广；③能够深入、全面地从具体案例中抽离出有价值的命题，发掘被其他方法所忽视的独特现象；④帮助研究者将现实问题具象化，即从复杂的实践中抽离出重要理论构念，基于现有理论对其进行深入剖析，生成新的研究变量与命题，进而构建新的理论体系（吕力，2012）。

在内容分类上，案例研究包括描述性、验证性、探索性三种类型。描述性案例研究聚焦新现象与新问题，目的是通过对问题的精准描述来引发后续研究的思考与共鸣。验证性案例研究致力于对已有命题的检验与修正，在案例的调查与分析中补充现有理论体系。探索性案例研究关注新理论建构，注重挖掘案例背后的内在规律，借助新的构念、命题为现有理论创造边际贡献（Eisenhardt，1989；Yin，2009）。在案例数量上，案例研究包括单案例与多案例研究两种类型。单案例研究适用于考察批判性、启示性、纵向时间序列的案例素材，通过对单个案例进行深入细致的分析，揭示案例的整体特征与内在逻辑；既可以对一个广为接受的理论进行检验或批驳，也可以对于两个或多个时间点上的同一调查对象进行纵向研究，从而获得更为丰富的洞见，通常用于探索复杂现象的本质或检验某一理论的适用性。多案例研究采用案例内分析与案例间分析相结合的方法，在对多个案例进行对比分析的基础上，能够反映出某一类现象的一般规律，得出更为普遍的结论，通常用于验证现有理论或建立新的理论范式（Eisenhardt，1989；Yin，2009）。

综上所述，为了明晰数字经济赋能企业开放式创新的一般规律，本研究将采用多案例探索性研究方法，选择多个典型企业为案例素材，在实地调研、二手资料收集等基础上，从动态能力与知识转移的二元视角，深入分析数字化能力对开放式创新价值共创机制及其绩效的影响，从而为后续研究建立理论框架。

4.2.3　案例选择

（1）典型案例

与定量研究的统计抽样方法不同，案例研究的样本选择一般采用理论抽样方法，遵循典型性、复制逻辑等原则，围绕特定问题与情境选择研究对象。因此，为提高案例研究结论的科学性与准确性，本研究按照 Eisenhardt（1989）、Gerring（2006）、Yin（2009）的建议，基于以下原则选择案例研究样本：首先，典型性。选择已完成数字化建设，经常实施开放式创新的知名企业作为研究样本，该企业的经营发展可作为同类企业的缩影并具有一定的行业引领作用。其次，复制逻辑。研究样本要能够反映研究问题的复杂性与多样性，涉及不同产业、主营业务、企业规模与发展背景等，可从不同角度开展案例研究。最后，数据完整性。与研究样本保持长期交流与合作，保证研究资料的真实性与客观性。

基于以上原则，本研究选择来自电气机械和器材制造业、金属制品业、家电制造业的 3 家上市公司为研究对象，采用实地调研、高层管理人员深度访谈的方式收集一手数据，通过公司年报、公众号、网络论坛、新闻报道等途径收集二手数据，以此建立案例研究数据库。需要说明的是，由于案例研究可能涉及商业机密，经与案例企业协商，本研究在案例研究中对上述企业均做匿名化处理，依次命名为企业 A、企业 B 与企业 C，案例企业的基本信息如表 4-1 所示。

（2）案例企业简介

企业 A 是从事电气机械和器材制造的上市公司，主营业务涉及智能电网、轨道交通、特高压、工业自动化等领域，员工规模约 1 万人，年营业收入达到 20 亿元。经过多年发展，企业 A 探索出了一条传统装备制造企业利用数字技术，转型成为绿色智能装备制造商的发展之路，产品涵盖电力装备、轨道交通、绿色能源等领域，是输变配电、电能治理、电气节能等产业链的龙头企业。企业 A 已通过国家创新型企业认证，建有国家级企业技术中心，多项核心技术填补电力装备制造领域的技术空白，拥有行业领先水平的智能工厂，建有联通上游供应商与下游用户的数字化运营平台。目前，企业 A 正以产业链创新链为抓手，以"绿色能源、数字赋能"为使命，聚焦数字化、电力电子、新服务、新能源、新材料、成套装备等核心业务，助力经济社会可持续发展。

企业 B 是从事有色金属铸造的上市公司，主营业务涵盖铝合金压铸件、新能源汽车动力总成及零部件的研发与制造，员工规模约 2 万人，年营业收入达到 50 亿元。企业 B 以材料研发与智能制造为核心，主导汽车轻量化技术创新，在铝合金成型、智能化集成技术等领域处于行业领先地位，拥有完善的研发体系和工艺技术，累计获授权专利近 200 项，主导制修订国家标准 10 项、行业及地方标准 8 项，承担省部级科技项目 20 余项，获各级政府的科学技术奖励 16 项，其中 6 项成果达国际先进水平。近年来，企业 B 数字化转型取得了显著成效，智能化工厂已成为核心生产过程，通过设备互联互通，实现生产设备的标准化管控，使产品质量与生产效率获得了同步提升。同时，该企业还积极推进"灯塔工厂"示范项目，通过数字中心、数控加工中心、物联网平台等数字基础设施，实现生产过程的全方位、全链条、全环节数字化转型。

企业 C 是从事家电制造的上市公司，专注厨房电器、家居护理电器、个人美容电器等小家电产品的研发与制造，员工规模约 3 万人，年营业收入达到 100 亿元。企业 C 坚持"平台＋产品＋品牌"的经营策略，通过打造品牌矩阵的方式满足多样化、个性化用户需求。近年来，企业 C 积极推进数字化转型，通过树立全流程数字化、全要素智能化、全价值链协同化的管理理念，在智能制造、市场营销、供应链管理等方面取得了显著成效。在智能制造上，该企业在行业内率先引人 MES、ERP、PLM 等数字化管理系统，实现生产过程的数字化、智能化，通过建立生产数据的采集、分析与检索等一体化流程，使生产效率和产品质量得到显著提升。在市场营销上，通过建设智慧营销平台、智慧服务平台等手段，实现线上线下营销服务的集成化与数字化。在供应链管理上，通过建设"多元化家电产业技术服务体系"，实现供应链上下游信息的共享和协同，从而提高供应链管理的智能化水平。

企业案例的基本信息见表4-1。

表4-1　企业案例的基本信息

编号	行业	主营业务	访谈对象
企业A	电气机械和器材制造业	智能电网、轨道交通、特高压、工业自动化等领域成套设备制造与解决方案	副总经理、研发总监、营销总监等
企业B	金属制品业	汽车精密轻合金零部件成型制造，汽车内外饰产品制造	总经理、财务总监、营销总监等
企业C	家电制造业	厨房电器、家居护理电器、婴儿电器、制冷电器、个人美容电器等小家电制造	副总经理、运营总监、研发总监等

4.2.4　数据收集

本研究的数据收集从2022年6月开始，于2022年12月结束，历时6个月。为了提高案例研究的严谨性与科学性，研究团队通过一手数据与二手数据两个渠道收集研究数据，基于"三角验证"原则，对不同来源的资料进行交叉对比（Eisenhardt，1989；Gerring，2006），以此构建案例数据库。具体而言，一手数据主要通过与企业高层管理人员的深度访谈收集，研究团队对每一家案例企业均进行了3次实地调研，围绕不同的研究主题预先编制访谈提纲，采用结构化、半结构化相结合的形式对受访企业的总经理、副总经理、研发总监、运营总监、财务总监等熟悉企业运营状况的高层管理人员进行多次面对面交流，了解案例企业的经营现状、数字化建设成效、技术创新主要领域以及存在的主要问题，在此过程中共收集了30余人次、40小时的音频资料，整理出5万余字的访谈记录；同时，研究团队还多次对案例企业进行现场考察，观摩协同创新中心、重点实验室、智能工厂、数字中心，从而对调查对象的数字化转型与开放式创新形成直观印象。二手数据来源包括上市公司年报、企业内部资料（规划、制度、研究报告等）、新闻报道、网络信息（企业微博、公众号推文、行业论坛、用户评价等），行业研究报告、学术期刊与著作等文献资料。多种渠道的数据来源为本研究提供了丰富的研究素材，有助于全面、真实地反映案例企业的经营现状，避免一手数据来源由于回溯性释义与印象管理的偏离效应所带来的事实偏差，确保案例研究符合信度与效度要求。案例数据收集情况如表 4－2 所示。

表 4－2　案例数据收集情况

数据来源	获取方式	数据收集情况				
		企业	访谈对象	人次	时长	访谈主题
一手数据	深度访谈	A	副总经理，研发总监，营销总监，采购、研发、生产、营销部门中层干部	12	17 小时	企业战略与历程、开放式创新、数字化转型、智能制造等
		B	总经理，财务总监，营销总监，采购、研发、生产、营销部门中层干部	15	15 小时	企业战略与愿景、知识获取、知识输出、数字化转型、智能制造等
		C	副总经理，运营总监，研发总监，采购、研发、生产、营销部门中层干部	10	10 小时	数字化战略与竞争优势、数字基础设施建设、数字工厂、开放式创新等
	现场考察	观摩、考察案例企业的协同创新中心、数字中心、营销平台、服务平台、研发基地、重点实验室、数字工厂等				
二手数据	内部资料	案例企业的董事长或总经理报告、战略规划、制度文件、研发计划、数字化建设方案、智能制造运营报告等				
	公开资料	企业年报、社会责任报告、主流媒体报道、行业研究报告、统计数据、权威期刊文献等				

4.3 案例分析

4.3.1 信度与效度

信度与效度是保证案例研究严谨性与规范性的重要指标。在多年的经验探索中，学者们已总结出一套适用于提高案例研究信度与效度的有效方法。本研究根据 Eisenhardt（1989）、Yin（2009）等的建议，在研究方案设计与数据收集的过程中坚持可靠性、可推广性、可确定性的基本原则，注重案例研究的规范性与科学性，确保信度与效度符合研究需要。

（1）信度

案例研究的信度追求研究结论的一致性、稳定性与可靠性，要求在同等条件下可重现相同的研究结论。本研究采用以下方法来提高案例研究的信度。首先，在数据收集过程中，我们与调查对象签署保密协议，明确所有数据均用于学术研究、不能挪作他用，以此降低案例企业的顾虑，从而扩大研究数据的收集范围。其次，在实地调研之前，研究团队会精心设计访谈提纲，避免表述歧义、逻辑不清、语言生硬等问题；在正式访谈中，我们通过日常交流的方式逐渐切入调查问题，努力营造一种融洽、友善的沟通氛围，使调查对象降低心理负担，以学习、倾听的姿态提出问题，给予受访者充分的自由发挥空间，从而收集到能够真实还原案例企业日常运营的研究数据。再次，在访谈和现场考察中，研究团队戒除首因效应、晕轮效应、主观偏见等个人情感，以旁观者的眼光倾听、观察案例企业，以此确保研究数据的客观性与真实性。最后，我们对访谈、考察与二手数据进行"三角验证"，从而保证案例研究数据处于有效信度的范畴之内。

（2）效度

案例研究中的效度指标包括结构效度、内部效度与外部效度（Eisenhardt，1989；Yin，2009），本研究从以下方面保障研究数据的效度。

结构效度用于反映研究内容是否准确地测量了所要考查的概念或理论，研究数据能否真实地呈现受访对象所要表达全部思想。为了提高结构效度，研究团队在正式调查之前，借鉴权威文献的成功经验来设计研究方案与访谈提纲，邀请5位技术创新、数字化建设领域的专家与从业人员对访谈提纲中所要检验的概念与理论进行充分论证，并提出有针对性的修改意见。在数据收集的过程中，坚持客观、系统、规范的原则收集研究数据并进行多角度对比验证。在实地调研结束后，我们还会根据研究需要对关键受访对象进行回访，对案例企业的研究数据进行多次验证，并由受访对象评价主要结论是否客观地反映了该企业的经营现状。

内部效度用于衡量案例研究是否准确地描述了变量之间的因果关系。本研究通过以下步骤保证内部效度。第一，在正式调查之前设计清晰、严谨的研究方案，为变量之间的关系搭建初始理论框架。第二，在数据分析过程中对提出的构念、命题从不同视角进行多轮论证，厘清变量之间的关系。第三，围绕案例企业的发展历程与研究主题，建立与变量相关的重要管理实践的演化路径，明确管理实践发生的先后顺序，从而确定变量之间的逻辑关联。第四，控制其他可能影响变量之间关系的因素，最终判断变量之间是否存在因果关系。

外部效度用于验证主要结论的普遍意义，检验其能否被同类研究所采用。为提高外部效度，我们在研究方案设计之初便基于理论抽样方法，选择具有行业代表性与引领性的企业作为案例素材。一方面，从不同行业中选择案例企业，避免研究数据同质化，消除行业、产品等特征因素的影响。另一方面，在数据分析中按照差别复制的原则进行案例间的对比分析，以此提高研究结论的普适性。

4.3.2　数据分析

（1）分析过程

本研究按照案例研究的规范性编码步骤，使用 NVivo 12 质性分析软件开展数据编码与分析，包括开放式编码、主轴编码、选择性编码与理论框架建构共 4 个阶段，从而探究数字经济赋能企业开放式创新的作用机理。

①开放式编码。

对每一个案例企业的研究数据进行合并、筛选与提炼，剔除所有与研究主题明显不相关的冗余数据并建立初始编码表（见表 4-3）。对数据进行系统性的分类和标记，不事先根据某种理论或框架设置预定的编码范畴。在反复、细致地梳理研究数据的基础上，对其进行概念化的命名与归类，形成"敏锐感受环境变化""市场机会快速洞察""准确识别市场风险"等 21 个一阶概念。为了保证编码的科学性，我们安排研究团队中 2 位熟悉质性分析方法的成员对每一个案例的研究数据进行独立编码，在此基础上对编码结果进行组内以及组间对比，在反复讨论中达成编码共识。本研究坚持可证伪原则，在提炼一阶概念的同时，在原始数据中不断尝试寻找反例，从不同角度验证已有分析结论。

表 4-3　案例数据的初始编码

数据分类	数据来源	一级编码		
		企业 A	企业 B	企业 C
一手数据	深度访谈	A1	B1	C1
	现场考察	A2	B2	C2
二手数据	内部资料	a1	b1	c1
	公开资料	a2	b2	c2

②主轴编码。

通过归纳、演绎法，选择和构建主要类属，对开放式编码中被分割的资料进行聚类分析，发现并寻找范畴之间的逻辑关联。这一阶段的主要工作是将主要概念类属与次要概念类属连接起来，巩固在开放式编码中形成的一阶概念，并且通过主轴编码将它们聚合成更加理论化与抽象化的二阶主题。通过提炼共性特征，本研究将"敏锐感受环境变化""市场机会快速洞察""准确识别市场风险"等一阶概念，合并成"数字感知""数字分析""数字创新"等9个二阶主题。在编码过程中，可能存在部分二阶主题的边界模糊问题。为此，研究团队采用组内讨论以及专家评估两种方法来消除二阶主题之间的内涵重叠。一方面，在组内阐述不同编码结果、内涵以及证据事例，在对比分析后进行修正。另一方面，当组内讨论无法达成一致意见时，研究团队会将编码分享给同领域的专家进行评估，按照专家建议酌情修改，直至达成一致意见。

③选择性编码。

通过整合与凝练，在所有命名的概念类属中提炼一个"核心类属"。核心类属是浓缩所有分析结果后得到的关键词，这些关键词足以说明整个研究的内涵。本研究沿着二阶主题中的各种概念所属的属性和维度，建立概念与概念之间的联系，使各概念不再是零散地呈现，而是凝聚成为一个观点，解释某一现象。具体而言，对二阶主题中形成的"数字感知""数字分析""数字创新"等概念，我们试图建立三者之间的联系，并通过对比数字化能力的既有文献，将这些二阶主题凝聚为"数字化能力"这一三阶类属（聚合构念）；类似地，在二阶主题中还形成了"价值共创机制""开放式创新绩效"两个三阶类属。

④理论框架建构。

借鉴数字经济以及开放式创新既有文献的研究思路与主要结论，界定数字化能力、开放式创新价值共创机制的维度构成，总结出数字经济赋能企业开放式创新的理论框架。

（2）核心概念界定

基于上述数据编码与分析过程，本研究提炼出数字化能力、价值共创机制与开放式创新绩效共三个聚合构念，数据结构如图 4-2 所示，典型证据与编码示例如表 4-4 所示。

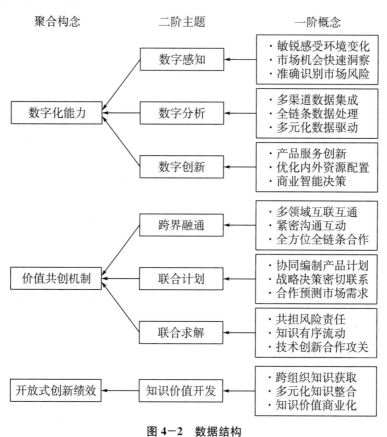

图 4-2 数据结构

表4—4　典型证据与编码示例

聚合构念	二阶主题	一阶概念	典型证据与编码示例
数字化能力	数字感知	敏锐感受环境变化	我们作为行业领军企业，数字化不仅提高了我们自身的运营效率，而且已经在行业中产生了广泛影响，扩大了我们的合作机会，数字技术的使用令我们能及时了解市场需求变化，全方位评估产业格局与竞争关系的变化（A1）；在智能制造方面，公司于2021年完成数字化工厂建设并投入使用，通过设备互联互通，实现生产设备的标准化管控，提升了智能化制造水平（B1）
		市场机会快速洞察	我们借助数字化建设的契机，重新评估了新老产品比重结构，改善产品线效益，加强新品类产品市场开拓力度，以专业的身份、创新的方式积极开拓市场、挖掘客源，完成从原来的区域管理向"传统市场＋新类目"的销售模式转变（A1）；2020年我们已经完成了核心业务流程的数字化转型，我们的数据中心隶属于战略规划部，有专业人员负责捕捉市场信息、评估新的用户需求与消费主张，对于新的创意、想法与潮流我们都会及时评估其潜在的市场机会（C1）
		准确识别运营风险	我们建有数字化决策系统，实时呈现采购、销售、生产等部门的运营数据，该系统会定期评估我们的运营风险，使管理人员及时了解各个环节的产能、生产计划、原料储备、销售额等指标的完成情况（B1）；我们已经完成信息化向数字化转型，上线供应链管理系统2.0，提高物流模块运作效率，推动实现业务流程自动化作业，做好生产要素评估与预警工作（C1）
	数字分析	多渠道数据集成	用户行为已经发生彻底变化，线上与线下相互交织，我们的系统不但可以收集线下用户信息，而且可以集成来自互联网上各个渠道的产品信息与技术动态（C2）
		全链条数据处理	持续推进工艺革新、自动化设备投入，逐步提升公司生产效率，推动公司各项资源（如人力、设备、供应链、物流、仓库等）的有效匹配（B1）
		多元化数据驱动	通过优化工艺技术方案及生产线布局，并利用数字化管理平台，提升生产效率、产品质量，实施"全价值链分析＋成本节约方案"，以控制价值链上的各种成本为目标，推进全价值链改善活动，实现增效降本，为用户持续创造价值（b1）

聚合构念	二阶主题	一阶概念	典型证据与编码示例
数字化能力	数字创新	产品服务创新	在智能化、网络化的背景下，面向增量市场、符合年轻人生活习惯的小家电将成为新的市场机会，为此我们正在使用数字技术开发智能家电，增加数字产品在全部产品中的比重（B1）
		优化内外资源配置	我们数字化平台可以将客户、供应商、零售商的数据进行实时联动，实现供应链的可视化与透明化（A1）；为实现全产业链的可视化、透明化与数据化管理，我们选择与业内知名的软件公司合作，成功部署全产业链产品可追溯体系（c1）
		商业智能决策	现在是信息爆炸的时代，市场中充斥各种难辨真伪的信息，加大了管理者的决策难度，所以我们在数字化建设中重点推进了智能决策系统的实施（B1）；很多用户需求是企业创造的，企业必须有能力进行前瞻性的决策，把握产品发展趋势，在创新中寻求突破，这就要求我们改变传统的决策模式，充分发挥人工智能、大数据的作用，提升高层管理人员的决策效率（C1）
价值共创机制	跨界融通	多领域互联互通	公司围绕数字化、智能化、新型电力系统建设需求，打造满足客户需求的综合解决方案；公司坚持合作共赢，构建开放的业务生态，积极支持与发展全球优质供应商，同舟共济，携手前行（a2）
		紧密沟通互动	我们向供应商、用户发起了战略合作倡议，鼓励合作伙伴共享技术与专利，实现产品深度集成，率先公开产品接口标准，打造智能生态（B1）；构建用户开放式创新社区，搭建创新型平台，建立开发者中心，及时了解用户的使用反馈（c2）
		全方位全链条合作	我们很早就将供应链管理的思想用于日常的企业运营过程，打通供应链管理的痛点、堵点，在产品研发、生产制造、销售服务等全链条环节进行深入合作，实现企业与用户、供应商之间的双向奔赴（A1）

聚合构念	二阶主题	一阶概念	典型证据与编码示例
价值共创机制	联合计划	协同编制产品计划	市场瞬息万变，依靠我们自身的技术、知识基础与资源储备无法完成产品设计到交付的全部工作，为此我们吸收了关键供应商、用户参与产品研发，共同讨论产品前景，共同商议研究计划，这种方式促进了技术的场景化应用，使我们的产品更加贴近用户需求（C1）
		战略决策密切联系	公司与二十余家核心供应商建立了战略合作伙伴关系，在战略决策上交换意见，当出现产品线调整、新产品开发、需求波动等情况时，能够快速调整原料、零部件等物资的采购时效，保障生产有序进行（b1）；每当有新产品开发计划，我们都会倾听关键用户的意见，有时为了满足用户需求我们会主动提出与用户合作（A1）
		合作预测市场需求	在公司现有的运作模式下，用户需求与反馈可同步抵达研发、设计、制造、销售等全流程各环节的价值创造，实现由满足用户需求到创造用户需求的转变（b2）；为了开拓新的市场需求，我们会让关键用户、供应商参与到产品与服务创新的全过程，建立"以用户为中心"的理念，实现大规模制造到大规模定制的迭代升级（C1）
	联合求解	共担风险责任	为突破某些技术瓶颈，或者开发蓝海市场，我们会与一些关键用户、供应商共同出资，组建战略联盟，创新联合体等合作模式，共同抵御风险（A1）
		知识有序流动	公司将技术分为关键核心技术与通用技术，选择性地向合作伙伴共享、转让技术，我们也呼吁更多的企业将技术开源化（A1）；我们的产品面向终端用户，开放式创新对于产品研发尤为重要，我们会采用转让、购买、共享等多种形式实现合作伙伴之间的技术扩散与学习（C1）
		技术创新合作攻关	我们在物色合作伙伴、建立合作关系时会充分考虑彼此的技术互补性，鼓励企业间的技术共享，这有利于节约我们的研究投入，缩短产品上市时间（B2）；与战略合作伙伴建立风险识别、评估、控制等机制，对产品研发、关键技术攻关过程中的风险进行有效管理（c2）

聚合构念	二阶主题	一阶概念	典型证据与编码示例
开放式创新绩效	知识价值开发	跨组织知识获取	公司致力于建立多元化产业技术服务体系，在市场策略、设计研究、产品实现、模具研制、认证测试和量产技术等方面获得了丰富的外部知识来源，可以快速填补自身的技术空缺（A1）
		多元化知识整合	公司在研发方面采取联合开发模式，建有省级研发中心、院士专家工作站、博士后科研工作站等核心科研机构，形成了以"技术领先、质量优先"为核心竞争力的综合优势（c1）；我们的竞争优势来自技术创新，广泛地吸收了来自高校、研究机构、上下游企业的技术与知识，构建了功能齐全、特色明显的研发体系，满足公司技术储备及新技术开发需求（B1）
		知识价值商业化	公司通过与能源领域龙头企业开展新能源光伏智能配电产品合作，成功进入了新能源光伏市场，并实现海外 26 个国家业绩覆盖，已先后完成三代产品更新升级，成为近年来公司利润增长的重要力量（a1）；我们一直重视研发投入，鼓励合作创新，核心技术均应用或转化到生产一线，这令我们的技术水平、品质管控、产能装备等方面的综合实力均处于行业前列，取得了可观的经营收益（C1）

①数字化能力。

目前，数字化能力的概念内涵尚未达成理论共识，虽然很多学者从理论层面探讨了数字化能力的多维结构（Annarelli 等，2021；Ritter 等，2020；Lenka 等，2017），但有针对性的实证研究却相对滞后。Annarelli 等（2021）认为，数字化能力是企业的"高阶能力"，并将数字化能力划分为数字整合、数字平台与数字创新能力三个维度；Lenka 等（2017）通过分析数字化能力对用户价值共创的作用机制，从智能（感知与获取数据）、连接（智能产品无线连接）、分析（数据分析与商业智能）等方面界定了数字化能力的多维结构；Ritter 等（2020）对 B2B 企业的研究表明，数字化能力涉及数据生成与传输、数据使用许可与数据分析等技能；Proksch 等（2021）强调，数字化能力是企业使用数据资源为自身、用户与供应商创造价值的能力；Li 等（2019）认为，数字化能力是企业将数据资源应用于创新管理、财务管理、供应链管理与用户服务等业务活动的能力；王强等（2020）通过对零售企业的案例分析，将数字化能力概括为数字基础设施构建与应用、数字治理与数字化陷阱跨越等能力。以上文献可见，尽管研究结论尚未达成理论共识，但学者们普遍关注了数据资源的搜集（数据传输、感知与获取等）、分析（数据分析）与利用（数字创新与用户服务等）等核心要素（Annarelli 等，2021；Ritter 等，2020；Lenka等，2017）。这一共性特征与动态能力理论所强调的企业应具备整合、重新配置与利用内外部资源的能力不谋而合（Teece，2018；焦豪等，2021）。

本研究在案例分析的基础上结合已有研究成果，进一步厘清数字能力的概念内涵，认为数字化能力是企业为适应市场环境变化、保持可持续性竞争优势，运用数字技术集聚组织内外部资源，以此推动企业战略变革、实现价值创造的能力，包括数字感知、数字分析与数字创新三个维度。数字感知是企业借助数字技术建立与外界的互联互通，能够敏锐地察觉市场环境变化、识别运营风险与潜在市场机会的能力。数字分析是企业在数字化建设中所形成的多渠道搜集、获取与加工内外部数据资源，建立数据驱动的运营与决策模式的一种动态能力。数字创新是企业借助数字技术以及数字经济下的创新思维来改变传统业务与工作方式，推动产品、服务与流程创新，进而提升资源利用效率的能力。

②开放式创新价值共创机制。

价值共创是创新管理、战略管理、营销管理等领域关注的重要议题，学界从不同视角讨论了不同主体间共同开展价值创造的基本原理与影响因素。Prahalad 和 Ramaswamy（2004）认为，价值不是单一主体能够独立创造的，而是企业与用户合作互动的产物，包含对话交流、获取渠道、降低风险和提高透明度四个核心要素；Gummesson 和 Mele（2004）指出，价值共创是企业与合作伙伴间建立合作关系并完成价值增值的活动，分为互动与资源整合两个维度；Ranjan 和 Read（2016）指出，价值共创是两个及以上的市场主体通过自由组合而形成的共同创造价值的活动，包括联合生产和使用价值两个维度；朱良杰等（2017）认为，数字经济的价值共创是价值创造在数字化情境的延伸，包括互动、融入与授权三个维度；朱勤等（2019）将价值共创界定为共同制订计划、共同解决问题以及灵活做出调整三个维度；白景坤等（2020）对平台企业的研究表明，用户与平台企业的价值共创有助于用户获得个性化体验，涉及协作、参与、使用共同资源及互惠等活动；解学梅和王宏伟（2020）将创新生态系统的价值共创定义为企业与合作伙伴的产品创新活动，并讨论了伙伴选择、风险控制、资源整合与优化配置等价值共创机制。上述文献表明，虽然学者们从多个视角考察了组织间的价值共创问题，但鲜有研究关注开放式创新过程的价值共创机制，如何在数字经济下促进企业开放式创新仍是一个有待探讨的重要议题。

本研究根据案例资料并参考朱勤等（2019）、解学梅和王宏伟（2020）等前期研究，将开放式创新价值共创机制界定为企业与用户、供应商、学研机构等合作伙伴之间以知识转移为纽带，通过开放式协作与交互学习而开展的有利于开放式创新实现多方共赢的跨组织合作手段，包括跨界融通、联合计划与联合求解三种机制。跨界融通指有助于打破行业、领域与主体之间的沟通屏障（即多领域融合互动），促进知识在更大范围内的转移与扩散（即知识畅通流动），从而提高价值创造效率的机制。联合计划指企业与合作伙伴共同制订计划（如产品研发计划、技术创新方案与市场需求计划等），使合作参与方的创新活动保持高度一致，从而促进开放式创新价值创造的机制。联合求解指组织间通过交互学习来共同解决产品研发、技术攻关、成果转化等难题，进而提升开放式创新过程的知识转移。

③开放式创新绩效。

开放式创新绩效是衡量开放式创新价值共创效果的重要指标（蔡宁和闫春，2013），但学界尚无定论。目前，学者们主要从两个角度测量开放式创新绩效：一是通过财务数据刻画企业的销售利润率、投资回报率、资产回报率等利润指标（Tsai，2001；Jansen 等，2006；Calantone 等，2002），二是通过管理者的主观评价反映企业的经营质量、创新效率以及合作满意度（De Luca 和 Atuahene-Gim，2007；Li 和 Atuahene-Gima，2001；Krishnan 等，2006）。然而，上述方法均无法体现知识转移、价值共创在开放式创新中的作用，与传统的创新绩效的测量没有实质性区别。Chesbrough（2003）、Lichtenthaler（2011）、West 和 Bogers（2014）强调，开放式创新的本质是组织间围绕知识转移而从事的价值共创活动。因此，为了从本质上刻画开放式创新价值共创效果，本书基于案例分析的研究发现，将开放式创新绩效界定为企业通过与外部创新主体的知识获取、知识整合与知识价值转化，来促进新产品、新服务或新技术开发，以此取得的经济或战略收益。

4.4　分析结果

本研究以企业开放式创新活动为研究对象，经过案例分析，共提炼出数字化能力、价值共创机制与开放式创新绩效三个聚合构念（见表 4-4）。接下来，我们将以知识基础观与动态能力为理论基础，阐述在案例分析中所发现的数字化能力、价值共创机制与开放式创新绩效之间的相互作用，从而为后续研究建立理论框架。

4.4.1 数字化能力与开放式创新价值共创机制

动态能力理论认为，数字化能力是企业在不断变化的市场环境中保持竞争优势的关键。在数字经济深入发展的现实背景下，能否构建数字化能力对企业的生存与发展尤为重要。Teece（2018）、Annarelli 等（2021）、Ritter 等（2020）认为，数字化能力可以整合、建构与配置内外部资源，帮助企业更好地理解用户需求，推动企业发现并开发市场机会，是企业可持续发展的动力源泉。基于动态能力理论与案例分析，本研究发现数字化能力可以促进跨组织合作，为企业实施开放式创新创造条件，对开放式创新价值共创机制具有正向影响。

（1）数字化能力有利于企业生成跨界融通机制

开放式创新需要企业与用户、供应商、学研机构甚至竞争对手等来自不同行业、具有不同技术专长的外部主体开展广泛合作，建立灵活的跨界融通机制是保障开放式创新顺利实施的充分条件（Wu 等，2022；Nieto 等，2023）。本研究的案例分析发现，数字化能力有助于企业快速收集、整理来自各种渠道的数据，敏锐感知外部环境的变化，通过缜密的数据分析，降低环境不确定性的负面影响，使企业与合作伙伴之间开展更加高效的沟通与协作，从而促进开放式创新的跨界融通。市场环境的不确定性是导致技术创新高失败率的痼疾，开放式创新作为技术创新的一种新颖范式，也在时刻面临不确定性的挑战。因此，为了降低不确定的影响，企业需要扩大合作范围，多渠道地获取外部信息，准确判断经济、社会、技术等市场环境的发展与变化趋势，为开放式创新的战略规划指明方向。

数字化能力所具有的数字感知功能可以令企业在开放式创新的决策阶段全面考察市场环境中的机会与风险，使企业在对照自身资源与知识储备的基础上，做出内向或外向知识转移等有针对性的合作策略，促进企业与外界开展全方位的跨界合作。例如，企业 C 指出："我们在全球 100 多个国家和地区设立了销售网络，没有完成数字化转型之前，我们需要维护近百人的市场团队来处理不同区域市场的业务，运营成本一直居高不下；数字化转型的成功实施使我们不但可以快速分析来自不同市场的信息、缩减了市场团队的规模，而且帮助我们开辟了很多与当地企业、大学与研究机构的合作创新机会，使我们的新产品开发更好地满足当地的市场需求。"建立合作关系是实现跨界融通的前提，数字分析能力有助于企业收集和分析不同领域的运营数据，全面评估自身在产品研发、生产制造与市场营销等价值链环节的优势与劣势，从海量的企业数据中甄别具有资源互补关系的潜在合作伙伴，从而扩大企业的跨界合作范围。例如，企业 A 指出："我们的产品横跨智能电网、轨道交通、特高压、工业自动化等领域，每个行业的技术路线、市场环境可谓天壤之别，存在很多技术盲区需要我们攻克，数字化转型使我们有能力在新进入的行业中迅速捕捉关键市场信息，发现市场机会并与技术优势的企业建立广泛合作关系，同时应对多个领域的市场竞争。"此外，数字创新能力还可以激发组织学习，使企业可以不断地将新的创意、技术与理念应用到开放式创新过程，通过高效率的组织学习使企业快速掌握不同领域的技术创新方法、架构与模式，从而促进企业与外部主体实现多领域、全链条的跨界融通。例如，企业 B 指出："数字技术促进了我们的产学研合作，我们已经将机器学习、人机交互、数字孪生等技术应用到产品创新过程，我们现在可以与不同的合作伙伴同时开展多个市场的新产品开发，有效缩短了产品的上市周期。"因此，根据案例分析与逻辑判断，提出以下命题：

命题 1　数字化能力有助于企业与合作伙伴建立跨界融通机制，以此促进开放式创新的实施。

(2) 数字化能力有利于企业建立联合计划机制

联合计划是企业与合作伙伴深度开展价值共创的过程，促进开放式创新的知识转移与交互学习。数字化能力反映了企业运用数字技术集聚内外部数据资源，推动战略变革与价值创造的能力。在数字经济下，企业凭借这种新型的动态能力不仅能够与外界建立互联互通，而且可以通过智能、泛在连接与供应商、用户建立紧密的合作关系，使来自不同领域的合作伙伴深度嵌入企业的开放式创新过程（Nieto 等，2023）。按此逻辑，作为保障开放式创新顺利实施的一种价值共创机制，联合计划将在数字化能力的影响下发挥更大作用。本研究的案例分析表明，数字化能力能够打通组织间的信息壁垒，增强开放式创新过程的凝聚力，进一步提高企业与合作伙伴间的信息沟通与知识转移效率，使企业、供应商、用户等创新主体在市场预测、产品计划、战略决策等方面保持步调一致，从而促进联合计划机制的生成。例如，企业 A 在访谈中指出："我们的数字中心不但负责数字基础设施建设，而且承担了很多战略规划职能，数字化建设使公司得以及时洞察用户需求，与供应商保持高度联动，在技术创新过程与关键用户、供应商便利地交换想法、创意与计划。"企业 B 在访谈中指出："我们对数字化的理解是，它不但是一种技术应用过程，更是一种赋能过程，使企业更加高效率地开展运营管理，有更强劲的实力参与市场竞争；公司正在以数字化转型为契机，改变传统的技术创新思维，围绕共性技术与同类企业之间建立一种平衡的竞合关系，在共性技术的研发过程中组建战略联盟，保持战略层面的沟通与互动。"企业 C 认为："数字化转型的实施使我们有能力把合作伙伴的资源快速整合起来，吸引他们参与到技术创新的全过程，一旦建立合作创新关系，我们就会在产品计划、需求预测与重大战略决策上保持信息沟通，以此提高创新效率。"上述案例素材表明，数字化能力是数字技术应用的进阶，不仅加强了企业与合作伙伴间的互联互通，而且使企业有能力将包含市场变化与产品需求的信息及时传递给合作伙伴，有利于企业在开放式创新过程与合作伙伴设定战略目标，故数字化能力促进了联合计划机制的生成。因此，本研究提出以下命题：

命题 2 数字化能力有助于企业与合作伙伴建立联合计划机制，以此促进开放式创新的实施。

（3）数字化能力有利于企业建立联合求解机制

数字经济时代，产品生命周期不断缩短，用户需求日渐多样，数字技术驱动商业模式快速迭代，令市场机会稍纵即逝。受不确定性、资源与能力约束的多种影响，企业独立开发市场机会的难度与日俱增，与外部主体的广泛合作成为必然选择。开放式创新作为企业开发市场机会的重要手段，面临高风险、高复杂性等问题，需要企业与合作伙伴建立共担风险、共迎挑战的合作关系，通过信息共享、知识转移与交互学习等方式共同探索问题解决方案（Dabic 等，2023）。因此，联合求解机制在开放式创新中的地位日益凸显。面对数字经济的不确定性与复杂性，企业需要建构数字化能力，感知竞争压力与市场变化，识别用户需求与市场机会，通过开放式创新巩固市场地位并获得可持续发展。本研究的案例分析发现，数字化能力对开放式创新的联合求解机制具有正向促进作用。一方面，数字化能力促进企业与合作伙伴间的密切沟通，为建立开放式创新的联合求解机制营造条件。另一方面，数字化能力会增强企业的智能决策水平，为开放式创新过程的问题与风险提供科学、精准的解决方案，提高联合求解机制的效果。例如，企业 B 在访谈中指出："新能源汽车动力总成是公司未来发展的重点领域，这个领域与传统汽车产业的最大区别在于，底层技术架构建立在开源专利之上，需要我们以开放式创新的思维开展技术创新；作为这个领域的新进入者，我们已经与主流汽车制造商建立了战略伙伴关系，围绕他们的需求共同开展动力总成研发，数字平台是我们实施技术攻关的关键载体。"企业 C 认为："我们打造的全流程数字化、全要素智能化、全价值链协同化的数字化管理系统已初见成效，以前的技术创新问题我们需要与合作伙伴经历多次的论证、设计与产品测试，费时费力，现在我们可以使用数字孪生技术辅助产品设计，我们与合作伙伴的任何创意都可以迅速完成数字化呈现。"因此，根据案例分析与逻辑判断，本研究提出以下命题：

命题 3　数字化能力有助于企业与合作伙伴建立联合求解机制，以此促进开放式创新的实施。

4.4.2　数字化能力与开放式创新绩效

数字经济开创了一系列新兴业态与商业模式，新产品、新技术、新模式层出不穷，市场环境的动态性与不确定性与日俱增。企业需要迅速应对需求、竞争与技术变革的挑战，为可持续竞争优势建构数字化能力。数字化能力不但是企业融入数字经济的必然选择，而且对改善企业绩效具有重要影响。高水平的数字整合能力意味着企业可以熟练地使用数字技术与外界建立广泛连接（Nambisan，2017），将来自不同市场主体的结构化（如消费记录、购买偏好等）与非结构化（如视频、语音等）信息加工成数据资源，从而为企业经营发展积累丰富的资源基础（张华和顾新，2023）。在市场竞争中，数字化能力将促进企业与合作伙伴的战略协同，提高产品研发速度，缩短产品上市周期，进而在充分的合作互动中提升企业绩效（Annarelli 等，2021）。此外，从资源管理角度出发，高水平的数字化能力还有助于企业与合作伙伴建立兼容性的数据耦合机制，促进企业充分编排、解构内外部数据资源，进而不断为采购、生产、销售等业务活动提供新的资源组合。

涉及数字化能力的既有文献主要关注其对财务绩效与非财务绩效的作用，鲜有研究讨论数字化能力与开放式创新绩效之间的关系。本研究案例分析发现，数字化能力对开放式创新绩效具有正向影响。数字化能力可以拓展企业开放式创新的合作领域，扩大以知识转移为表现的创新绩效的获利空间。高水平的数字化能力为企业识别与开发数字经济的市场机会营造条件，拓展企业与外部创新主体的连接互动，在开放式创新中弥补企业自身的资源与知识缺陷，使企业收获可观的创新绩效。例如，企业 A 指出："我们的数字中心不但可以对生产部门进行实时监控与数据分析，而且能够为研发部门提供数据搜集、分析与决策支持等服务，辅助技术创新团队开展产品设计、调试与知识管理，企业绩效与创新成果都获得了显著提升。"企业 B 的高层管理人员在访谈中强调："数据中台的建立为公司统一了业务流程规范，集成了数据资源，推动了业务流程重组，提高了企业利润；同时，数据中台还促进了公司与合作伙伴的协同创新，减少重复开发，降低创新成本，改进了技术创新效率。"企业 C 在接受访谈时指出："公司的数字化中心非常配合研发部门的工作需求，为研发部门提供数字孪生、大数据分析、人工智能等技术支持，帮助研发部门提升产品和服务的创新效率；此外，我们还建有'开放创新平台'，为合作伙伴提供云计算、人工智能等技术支持，并与他们合作开发产品和服务，整体创新效果实现了我们的预期目标。"因此，根据案例分析与逻辑判断，本研究提出以下命题：

命题 4 数字化能力对开放式创新绩效具有正向促进作用。

4.4.3 开放式创新价值共创机制的中介效应

在上文的案例分析中，本研究发现数字化能力与开放式创新价值共创机制及其创新绩效之间存在正向联系。为了探究数字经济赋能开放式创新的作用机理，本研究将进一步分析开放式创新价值共创机制在数字化能力与创新绩效之间所扮演的桥梁作用。数字化能力通过促进企业内外部的知识获取、流动与创造来影响企业知识结构，进而改善开放式创新绩效。

（1）跨界融通机制的中介效应

数字化能力通过数字技术的泛在、智能连接功能扩大企业与外界的连接与互动，打破行业壁垒，拓展合作空间，促进企业与来自不同行业的创新主体开展全方位、多领域的知识转移，对改善开放式创新绩效发挥积极作用。基于案例分析，本研究认为数字化能力通过企业与合作伙伴间的跨界融通机制促进企业开放式创新绩效的提升。例如，企业 A 在访谈中指出："数字化建设帮助我们打开了市场空间，为创新创业项目的孵化与发展提供软硬件基础，巩固了公司在行业中技术创新的优势地位。"企业 B 的高层管理人员认为："数字中心与物联网平台是公司向各行各业提供数字化服务的技术底座，按照基础平台、数据分析、核心应用和决策支持的架构建设而成，可直接赋能公司的技术创新过程，近两年的使用结果表明，公司的新增专利数量与企业绩效均实现了预期目标。"企业 C 在访谈中指出："数字平台的投入运行使公司有能力识别创新机会，扩大合作伙伴的来源范围并以此建立庞大的开放式创新虚拟社区，公司以及合作伙伴的想法、创意、产品研发理念都可以在虚拟社区中充分地交换意见，跨界合作已成为我们技术创新的常态化特征，企业利润与战略收益都获得了显著改善。"因此，根据案例分析与逻辑判断，本研究提出以下命题：

命题 5 开放式创新的跨界融通机制在数字化能力与开放式创新绩效之间发挥中介效应。

（2）联合计划机制的中介效应

数字化能力会消除组织间的信息孤岛，使企业与合作伙伴保持战略同步，提高开放式创新过程的信息沟通与知识转移效率，进而对开放式创新绩效产生正向影响。本研究的案例分析发现，数字化能力会强化企业与合作伙伴间的联合计划机制并改善企业开放式创新绩效。例如，企业 A 的高层管理人员指出："我们以数字化转型为契机，树立了'以用户为中心'的经营理念，数字技术的应用使我们能够将不同行业的合作伙伴整合到技术创新过程，围绕用户需求集中优势资源、充分发挥协同创新的合力，通过数字化管理系统形成多主体联动的决策机制，把创造用户价值视为公司的核心竞争力。"企业 B 在访谈中指出："数字化转型是大势所趋，公司必须抓住数字经济的红利；事实证明我们的数字化建设技术促进了创新与成果转化，使公司的盈利不断跃上新的台阶。"企业 C 的高层管理人员指出："我们对数字化建设深有体会，公司以前的创新活动基本上由自身的研发团队独立完成，资金投入与时间成本很高，现在公司通过数字中心与上下游企业开展协同创新，共同预测市场需求、商议技术路线、编制研发计划，不仅提高了技术创新效率，而且填补了我们的技术与知识缺陷。"因此，根据案例分析与逻辑判断，本研究提出以下命题：

命题 6 开放式创新的联合计划机制在数字化能力与开放式创新绩效之间发挥中介效应。

（3）联合求解机制的中介效应

数字整合能力使企业得以灵活使用数字技术与用户、供应商、学研机构甚至竞争对手建立广泛连接，在集聚数据资源的过程中帮助企业物色有益于开放式创新的合作伙伴，为不同的合作项目构建情景交融的问题解决方案，以此提高企业开放式创新绩效。因此，本研究根据案例分析的结论，认为数字化能力使大规模的知识转移成为可能，通过联合计划机制对企业开放式创新绩效发挥积极作用。例如，企业 A 在访谈中指出："我们将数字化转型看成企业的一场战略变革，公司正在主动改变原有的思维模式、经营理念与知识基础；数字技术应用使公司建立了一种开放合作思维，通过与合作伙伴的协同创新、知识共享来共同解决经营发展中的问题，支撑我们的事业不断进取。"企业 B 认为："数字化已成为公司的核心议题，向职能部门赋能，数字技术的应用使我们与同类企业建立了更为广泛的合作关系，合作研发共性技术，开展专利许可与转让，令我们创造并获取新的商业价值。"企业 C 指出："公司在数字平台的基础上建立了开放式创新虚拟社区，能够集聚合作伙伴的数据、信息与知识资源，为社区成员搭建合作桥梁，鼓励社区成员合作创新，公司的一些技术难题可以从社区内征集解决方案，有效支撑公司的高利润回报。"因此，根据案例分析与逻辑判断，本研究提出以下命题：

命题 7　开放式创新的联合求解机制在数字化能力与开放式创新绩效之间发挥中介效应。

综上所述，本研究提出如图 4-3 所示的理论框架。

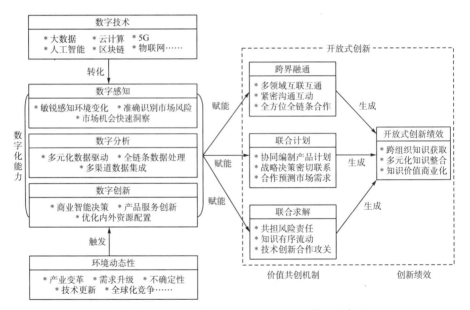

图 4-3　数字化能力影响企业开放式创新的理论框架

4.5　结论与讨论

本研究基于知识基础观与动态能力理论，以企业开放式创新为研究对象，采用多案例分析方法，考察了数字化能力、价值共创机制与开放式创新绩效的内在联系，旨在揭示数字经济赋能企业开放式创新的作用机理。经过理论模型预设、企业调查、数据编码与分析等程序，本研究提出了"数字化能力—价值共创机制—开放式创新绩效"的理论模型，主要研究结论如下：

第一，数字化能力是企业在数字经济下适应市场环境变化并保持可持续竞争优势的一种动态能力，对企业开放式创新绩效具有正向促进作用。数字化能力由数字感知、数字分析与数字创新三个维度构成，为企业识别与开发数字经济的市场机会营造条件，拓展企业与外部创新主体的知识转移与交互学习，在开放式创新中弥补企业自身的资源与知识缺陷，从而改善企业开放式创新绩效。

第二，数字化能力会增进企业与外界的互联互通，在跨组织合作中促进价值共创机制的生成，以此提升企业开放式创新的合作效率。开放式创新的表象是组织间的知识转移，本质是多元创新主体间开展的价值创造活动，以跨界融合、联合计划与联合求解为构成的价值共创机制是支撑开放式创新实践的重要手段。数字化能力可以促进跨组织合作，为企业实施开放式创新创造条件，对开放式创新价值共创机制具有正向促进作用。

第三，价值共创机制在数字化能力与开放式创新绩效之间发挥中介效应。数字化能力能够扩大企业与外界的连接与互动，促进企业与来自不同行业的创新主体开展全方位、多领域的知识转移，激励组织间共担风险、共同决策，通过合作研发与交互学习等方式解决技术创新或经营管理问题，对改善开放式创新绩效产生正向影响。因此，在开放式创新实践中，数字化能力通过企业与合作伙伴间的价值共创机制促进企业开放式创新绩效的提升。

第5章　开放式创新价值共创机制
与数字赋能的实证分析

上文通过案例分析考察了开放式创新价值共创机制与数字赋能的互动机理，但缺乏大样本数据的理论支撑。为此，本章将通过问卷调查与回归分析进一步检验案例分析的研究发现，从而为本研究所提出的数字经济赋能开放式创新的理论框架提供经验证据。首先，基于知识基础观、价值共创、动态能力等理论，针对案例分析的相关命题，构建"数字化能力—价值共创机制—开放式创新绩效"的概念模型并提出研究假设。其次，经过文献梳理、量表选择、专家访谈与小样本测试等步骤，编制用于检验研究假设的调查问卷，并以中国制造企业为样本，采用随机抽样方法收集研究数据。最后，通过层次回归分析测量变量之间的相关系数，检验研究假设中的直接效应与中介效应，根据假设检验结果修正并形成最终的概念模型，揭示数字化能力通过组织间的价值共创驱动开放式创新绩效的作用机制，从而为下文的合作风险识别做出理论铺垫。

5.1　问题提出

数字经济时代，数据技术作为新的生产力工具在企业生存与发展中扮演着至关重要的角色。借助数字技术，企业不仅可以更好地监测竞争对手的活动、了解用户价值主张与行为模式等变化，为应对市场竞争做出更具前瞻性与可操作性的决策，而且能够更准确地预测新产品与服务的发展趋势，使技术创新更加契合用户需求。随着数字经济的深入发展，数字技术已渗透到管理实践的方方面面，推动技术创新、提高运营效率、降低决策风险，帮助企业在激烈的竞争市场中取得长足进步。然而，作为一种新兴的科学技术，数字技术所具有的实时、泛在、智能等特性也对企业的核心能力提出了更高要求。已有研究发现，单纯的数字技术应用只能在表面上提高企业运营管理的可视化与连通性，难以对企业绩效与竞争优势产生实质性改变，很多企业甚至因为数字技术的高昂投入而深陷"数字化悖论"的困境（Gebauer，2020；Yu 等，2021）。为了最大限度地发挥数字技术的作用，一些学者指出，企业需要以数字化转型为契机，在数字技术应用过程中建立数字经济时代的管理思维，更新组织架构、重组业务流程、优化资源配置，着力建构新的核心能力。数字化能力作为数字经济时代的核心能力，由此受到学界与商界的广泛关注。

　　数字化能力是企业在数字技术应用过程中形成的适应市场环境变化并保持可持续竞争优势的能力。从不同的研究视角出发，数字化能力具有多种理论解释（Lenka 等，2017）。在资源管理角度，数字化能力是企业通过数字技术整合、利用内外部资源的一种动态能力。在市场竞争角度，数字化能力则是维护企业主营业务、主导市场竞争的一种核心能力。施耐德（Schneider）、西门子（Siemens）、飞利浦（Philips）等行业领军企业以及众多中小企业的实践表明，构建数字化能力已成为企业在数字经济下的首要战略议题，数字化能力所开创的一系列价值主张与商业模式正蓄势待发。然而，中国电子信息产业发展研究院在《2023 中国企业数字化服务能力研究》中指出，虽然数字化转型已成为业界共识，但仍有很多企业在数字技术应用过程中暴露出盲目跟风、战略缺位、资源匮乏等问题，孱弱的数字化能力已成为数字经济时代制约企业可持续发展的重要障碍。一方面，很多企业对"技术决定论"深信不疑，将数字技术应用奉为解决一切管理问题的锦囊妙计，一味地投资数字化转型，而忽视了企业文化、资源禀赋、知识基础等保障因素的同步更新，使数字化转型停滞于数字技术应用的初期阶段，无法形成与数字经济的市场环境相匹配的数字化能力。另一方面，一些企业尽管完成了数字化转型，但管理思维、制度建设与业务流程却徘徊在工业经济时代，组织结构中的"信息孤岛"效应凸显，缺乏一体化业务流程的数据联动。数字技术应用不仅没有提升运营效率，反而进一步加剧了部门与人员之间的对立。因此，在数字经济深入发展的现实背景下，构建数字化能力已成为企业实现可持续发展的当务之急。

　　数字经济方兴未艾的同时，也成功吸引了学界的持续关注。学者们普遍认为数字化能力是驱动企业生存与发展的动力源泉，并将数字化能力视为解释数字经济向实体经济赋能的重要媒介（Annarelli 等，2021；Ritter 等，2020）。Cenamor 等（2019）以新创企业为研究对象，发现数字化能力可以缓解新创企业的资源瓶颈、扩大外部资源获取范围，帮助它们在细分市场准确搜寻并开发商业机会，从而对企业绩效产生正向影响。王强等（2020）通过对新零售企业的案例分析，发现数字化能力是数字技术和业务流程的集成，是关系到企业战略变革的前提条件，建构集资源、能力与技术于一体的数字化能力是数字化转型成败的决定因素。王苗和张冰超（2022）认为，数字化能力与企业战略、商业模式创新之间存在正相关关系，企业需要将构建数字化能力提高到战略高度以适应制度变迁、指导商业模式创新，从而强化企业抵御外部风险的能力。谢卫红等（2018）分析了管理者信念、数字化能力与商业模式创新之间的关系，发现高层管理人员信念能够显著促进高层管理人员的参与式管理，进而积极推动商业模式创新，数字化能力在管理者参与和商业模式创新之间发挥中介效应。Wen 等（2021）对中小企业的研究表明，数字化能力有助于企业快速适应数字经济的竞争节奏，对创新绩效具有正向影响。Liu 等（2018）以云计算技术的使用为例，发现云计算技术所形成的数字化能力在资源配置上具有灵活性与集成性的双重功能，对企业敏捷生产具有积极作用。李树文等（2021）发现，数字化能力帮助企业从海量数据资源中分析出产品研发所需的前沿知识，并通过知识管理过程产生不同形式的新产品、新服务与新流程，进而推动突破性创新绩效的不断改善。侯光文和刘青青（2022）从创新网络视角讨论了数字化能力与企业绩效的关系，发现数字化能力促进企业与创新网络中不同创新主体的深度合作，通过信息、新技术的交换来克服创新障碍并获得异质性的知识，在此过程中形成协同优势，从而提升创新网络的合作效率。

既有文献围绕数字化能力的相关问题开展了积极探索，为本研究建立了良好的理论基础，但仍有一些研究缺口有待深入分析。一方面，现有研究主要关注数字化能力对企业绩效、战略变革、商业模式的作用（Cenamor 等，2019；王强等，2020；王苗和张冰超，2022），较少研究讨论开放式创新过程中数字化能力与创新绩效的关系。事实上，开放式创新作为数字经济时代的技术创新范式，不但在改变传统的创新理念、合作模式与知识保护策略，而且是数字经济赋能实体经济的重要场景。因此，研究数字化能力对开放式创新的影响将进一步拓展数字经济的理论体系，并具有显著的理论与实践价值。另一方面，多数研究聚焦企业个体行为，讨论数字化能力在企业生存与发展中的实践效果（Cenamor 等，2019；Wen 等，2021），忽视了跨组织合作情境下数字化能力对企业资源投入、合作策略与价值创造的作用。实践中，随着 5G、物联网等数字技术的不断普及，企业与外界的连接变得更加紧密，价值创造活动将表现出越发明显的多主体、分布式合作特征，维系优势互补、多方共赢的合作关系对企业生存与发展至关重要。尽管一些学者考察了创新网络中数字化能力对企业绩效的影响（侯光文和刘青青，2022），但未能从多主体互动视角深入挖掘创新网络的价值创造机理，缺乏一个相对系统的理论框架从跨组织合作视角诠释数字经济如何赋能技术创新并改善创新绩效的作用机理。

综上所述，本研究将从跨组织合作视角，基于知识基础观、价值共创、动态能力等理论，探讨数字化能力对开放式创新过程中企业合作行为及其创新绩效的作用机理。具体回答以下问题：第一，数字化能力作为企业的一种"高阶"能力，具有何种内在结构，能否促进企业创新绩效的提升；第二，数字化能力如何影响企业开放式创新，即从跨组织合作角度检验有助于开放式创新的价值共创机制；第三，开放式创新的价值共创机制在数字化能力与创新绩效之间扮演何种角色，不同价值共创机制在上述关系中可能存在的作用差异。

5.2　研究假设

5.2.1　数字化能力与开放式创新绩效

动态能力理论认为，数字化能力是企业为适应市场环境变化、保持可持续性竞争优势而运用数字技术集聚组织内外部资源，以此推动企业战略变革、实现价值创造的能力。学者们普遍认为数字化能力是一种"高阶能力"。相对于财务管理、成本控制、市场营销等常规能力，数字化能力是一种综合的、战略性的、跨部门的能力集合，要求企业对数字技术的功能具有全面而深刻的理解，以此推动技术创新、提高运营效率、适应市场环境变化（焦豪等，2021）。数字化能力由多个内在维度构成，学者们从不同研究视角提出了数字整合、数字平台与数字创新（Annarelli 等，2021），智能、连接与分析（Lenka 等，2017），数据生成与传输、数据使用许可与数据分析（Ritter 等，2020），数字基础设施构建、数字治理与数字化陷阱跨越（王强等，2020）等多种构成模式。本研究根据第 4 章的案例分析结果，将数字化能力界定为数字感知、数字分析与数字创新三个维度[①]，刻画企业在数字技术应用过程中所形成的感知市场环境变化、变革运营管理、驱动技术创新的综合能力。

结合第 4 章的案例分析，本研究认为数字化能力对于开放式创新绩效具有正向促进作用。首先，具有数字化能力的企业更容易实现知识基础的快速迭代。开放式创新以知识转移为表现形式，通过引进外部知识或向外界输出内部知识，完成技术创新与知识价值转化。数字化能力使数字技术与知识转移深度

[①]　数字化能力的案例分析详见 4.3 节。

耦合，为企业提供了更加便捷的知识获取、整合与利用手段，使企业能够更快地推出新的产品、服务或商业模式，从而提升开放式创新绩效（Nasiri 等，2021；Wu 等，2022）。其次，数字化能力通过大数据分析、人工智能等技术为企业提供了强大的智能分析与预测方法，帮助企业更加精准地预测市场趋势、识别创新机会，从而使开放式创新取得高于竞争对手的创新收益（Gong 等，2023）。最后，数字化能力有助于企业构建或加入开放式创新的数字生态系统。借助数字生态系统，企业可以更便捷地与合作伙伴、创新网络与虚拟社区建立泛在连接，促进知识开放与共享，在多样化的合作场景共同推动技术创新（侯光文和刘青青，2022）。因此，数字化能力为开放式创新提供了技术支持与实践基础，与开放式创新绩效之间产生了一种正向联系，使企业能够更好地适应快速变化的市场环境并塑造可持续竞争优势。根据上述分析，提出以下研究假设：

H1　数字化能力与开放式创新绩效正相关。

5.2.2　数字化能力与开放式创新的价值共创

开放式创新经过多年发展已成为数字经济时代的主流技术创新范式，其概念一经提出便受到社会各界的广泛关注。Chesbrough（2003）指出，市场中存在大量有价值的知识资源，企业的技术创新活动不应局限在组织内部，还要以开放、包容的态度主动寻求外部合作，不但要吸收用户、供应商、学研机构甚至竞争对手的知识资源来弥补自身的知识与能力缺陷，而且要通过知识输出来开发内部知识的商业价值，从而在合作互动中推动价值创造与价值获取的均衡发展。开放式创新以组织间的知识转移为表现，以跨组织合作为底层逻辑。在多元创新主体间建立价值共创机制，是企业持续实施开放式创新、谋求合作共赢的重要保障（Chesbrough，2003；Lichtenthaler 和 Lichtenthaler，2009；Han 等，2012）。

价值共创广泛存在于跨组织合作之中，但在开放式创新过程却有着更加丰富的理论内涵。一方面，开放式创新的价值共创以促进知识转移为目的，通过整合来自不同合作参与方的知识资源，共同创造出比封闭式创新更大的经济与社会价值。另一方面，开放式创新的价值共创追求创新扩散，通过扩大企业与外界的合作范围，借以开发多领域、跨行业的商业机会，从而实现颠覆式创新、探索式创新、利用式创新等多样化的创新目标（Laursen 和 Salter，2006）。为探究数字化能力对开放式创新的价值共创的影响机理，本研究根据第 4 章的案例分析结果，使用跨界融通、联合计划、联合求解三种机制刻画开放式创新价值共创[①]。在既有文献与案例分析在基础上，我们认为数字化能力对开放式创新的价值共创具有正向促进作用。

第一，跨界融通会促进企业与不同行业、不同知识基础的创新主体开展价值共创，畅通合作过程的知识转移。高水平的数字化能力有助于组织间信息交换，通过物联网、数字化协同管理等技术手段消除企业与外界的"信息孤岛"，打破行业、领域与主体之间的沟通屏障，提高合作响应速度，促进知识在更大范围内的流动与扩散。在数字化能力的作用下，企业可以探索新的合作模式、开拓产品与服务的应用场景、丰富知识的使用领域，使企业有机会嵌入其他创新主体的价值创造活动之中，从而促进跨界合作的灵活性与多样性（Annarelli等，2021）。第二，联合计划，即共同制订明确的合作计划，是开放式创新的价值共创的重要机制。数字化能力使企业能够有效地收集、分析与利用数据资源，理解合作伙伴的需求与彼此的共同利益，利用智能决策系统更加精准地制订合作计划，预测开放式创新合作项目的成功概率，从而降低决策风险（Lenka等，2017）。同时，具备数字化能力的企业还可以使用集实时通信、任务分配与进度追踪等功能于一体的协同创新与项目管理工具，促进企业与合作伙伴在一个集成化的网络环境中开展协同创新，为产品研发、加工制造、市场营销等价值创造活动的深层次合作制订系统而明确的合作计划，从而激发各方专业知识与创新资源的充分整合。第三，开放式创新的价值共创会遇到各种各样的困难与挑战，联合求解是合作各方共同谋划解决方案的必备机制。在技术层面，数字化能力可以为企业搭建支持远程协作的数字平台或开放式创新社区，使合作参与方及时反馈各自的工作进度，共享研究成果与实验数据，在虚拟环境中进行测试、模拟与实验，围绕技术难题以及阻碍合作的约束条件迅速共享信息、协同制定解决方案（Ritter等，2020）。在运营管理层面，数字化能力可以帮助企业处理大规模的数据资源，为合作伙伴提供在线技术支持，挖掘各种合作问题背后的深层次原因，为价值共创的各种合作问题寻找适宜的解决方案。根据上述分析，提出以下研究假设：

H2a　数字化能力与开放式创新价值共创的跨界融通机制正相关。

H2b　数字化能力与开放式创新价值共创的联合求解机制正相关。

H2c　数字化能力与开放式创新价值共创的联合计划机制正相关。

---

① 价值共创机制的案例分析详见 4.3 节。

5.2.3 开放式创新价值共创的中介效应

在瞬息万变的市场环境中，价值共创是提升开放式创新绩效的重要途径。数字经济时代，知识创造的模块化、去中心化特征越发明显，企业的技术创新更多依赖于对外部创新主体的知识整合，嵌套于彼此的价值创造活动、实现共生发展成为大多数企业的首选战略。在此过程中，企业需要与合作伙伴共享信息，共同提出满足用户需求的价值主张，通过持续的知识转移来完成价值创造，促进开放式创新成为普遍的产业现象。数字经济时代，价值共创的主体范畴与理论内涵已经发生深刻变化，呈现主体多样、要素多元、过程多变等特点，日益成为企业扩充知识基础、提升创新收益的必由之路。既有文献从多个视角论证了开放式创新价值共创与创新绩效之间的正向联系。Ballantyne 和 Varey（2006）认为，价值共创可以降低个体开展技术创新的风险，激励企业与合作伙伴将创新资源投入商业价值更高的合作领域，从而使合作参与方共同获利。杜丹丽等（2021）以创新生态系统为研究视角，发现价值共创通过资源互动的中介效应对创新绩效产生正向影响。廖民超等（2023）对服务型制造的研究发现，与外部创新主体的合作有利于制造企业在服务化转型中建立"以用户为中心"的商业模式，使合作各方以低成本方式获取彼此的异质性知识，进而为提高创新绩效提供多样化的知识来源。张宝建等（2021）认为，基于需求端的价值共创是数字经济时代的重要标志之一，价值共创通过提升组织间的网络嵌入性对创新绩效形成正向促进作用。Huang 等（2018）对制造企业的研究表明，企业同多样化合作伙伴（包括组织、行业与国家多样化）的价值共创与开放式创新绩效之间存在正相关关系，而且这一关系会随着技术与市场环境的剧烈变化而进一步增强。基于上述文献的研究结论，我们认为以跨界融通、联合计划、联合求解为构成的价值共创机制对开放式创新绩效具有正向影响。因此，提出以下研究假设：

H3a　开放式创新价值共创的跨界融通机制与开放式创新绩效正相关。

H3b　开放式创新价值共创的联合求解机制与开放式创新绩效正相关。

H3c　开放式创新价值共创的联合计划机制与开放式创新绩效正相关。

基于上述分析，本研究认为数字化能力不但对开放式创新绩效产生直接作用，而且通过价值共创的中介效应对后者产生间接影响。首先，数字化能力为企业提供了与外界开展即时交流与共享信息的工具，促进企业与合作伙伴开展全方位、多领域的跨界合作，激发组织间的知识转移与交互学习，从而驱动开放式创新绩效的提升（李玲和陶厚永，2023）。其次，数字化能力支持基于数据的集体决策与联合计划，企业与合作伙伴可以共同收集、分析与利用各种渠道的数据资源，从而更准确地评估市场趋势与用户需求，不断优化开放式创新的方向与策略，最终提高创新绩效（Nieto，2023）。最后，数字化能力支持数字平台、开放式创新社区的建立，在网络空间为不同创新主体提供了共享创意与解决方案的机会，促进了多样化知识创造与集体智慧的生成，为不同合作项目寻找情景交融的问题解决方案，以此提高开放式创新绩效。在中介效应的效果表现上，跨界融通由于涉及不同行业、领域与主体之间的合作互动，可以为开放式创新开辟更广泛的价值创造空间，应作为建立价值共创关系的首选机制，因此其中介效应高于联合求解与联合计划。联合计划关注长期合作的战略目标，具有鲜明的"计划导向"属性。联合求解注重具体问题的解决与反馈，具有突出的"问题导向"属性。相对而言，联合求解更侧重于解决实际问题，而不是过度强调预先设定的计划。在面对复杂、不确定的问题时，联合求解的"问题导向"属性更有利于应对多样化挑战，因此其中介效应大于联合计划。根据上述分析，提出以下研究假设：

H4a　开放式创新价值共创的跨界融通机制在数字化能力与开放式创新绩效之间发挥中介效应。

H4b　开放式创新价值共创的联合求解机制在数字化能力与开放式创新绩效之间发挥中介效应。

H4c　开放式创新价值共创的联合计划机制在数字化能力与开放式创新绩效之间发挥中介效应。

H4d　开放式创新价值共创机制在数字化能力与开放式创新绩效之间的中介效应按照跨界融通、联合求解、联合计划的顺序递减。

综上所述，本研究提出图 5-1 所示的概念模型。

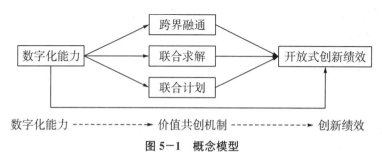

图 5-1　概念模型

5.3 研究设计

5.3.1 样本与数据收集

（1）问卷设计

本研究通过调查问卷收集研究数据。我们根据 Brislin（1970）的建议，经过文献梳理、量表选择、专家访谈、小样本测试等步骤编制调查问卷。

首先，围绕研究主题，系统梳理开放式创新、价值共创、数字化能力等领域的既有文献，从权威期刊、重要学者、高被引论文中选择成熟量表作为设计调查问卷的备选素材。

其次，基于成熟量表编制调查问卷。对于中文量表，我们根据研究需要，在不改变原意的情况下，对测量题项进行适当的语义微调。针对英文量表，我们通过"翻译—回译"的过程逐一核对相关测量题项的中英文表述，经过团队成员的多次讨论确定测量题项的语义规范与严谨性，从而形成调查问卷初稿。

再次，对 5 位创新管理领域的专家与企业高层管理人员进行深度访谈，请他们对调查问卷初稿可能存在的逻辑结构、文字表述、科学性与规范性等问题提出修改意见。通过反复论证，我们修改了调查问卷中过于学术性的行文风格，调整了一些测量题项的先后顺序，从而使调查问卷得以进一步完善。

最后，对调查问卷初稿开展小样本测试。我们在珠三角地区政府部门的协助下，采用随机抽样的方式向当地 200 家制造企业发放调查问卷，对收回的 146 份有效问卷进行探索性因子分析（exploratory factor analysis），以此确定正式版调查问卷。

（2）样本选择

本研究以中国制造企业为研究样本。制造业是国民经济的支柱，制造企业是推动产业结构调整与转型升级的重要力量。在数字经济时代，以制造企业为研究样本开展开放式创新研究具有以下优势：

一方面，制造企业在数字经济中具有显著的示范效应。制造企业数字化转型过程面临的管理问题具有普遍性，研究制造企业可以更全面地了解数字化转型在复杂市场环境中的应用与挑战，有助于发现数字经济的通用性问题与最佳实践。同时，制造企业通常涉及庞大的供应链网络，数字技术在整合供应链、提高协同作业效率等方面发挥着重要作用，研究制造企业可以更加深入地理解供应链管理中数字技术应用的底层逻辑及其客观规律，无论对制造业，还是其他行业的企业管理实践都具有鲜明的指导意义。

另一方面，制造企业的开放式创新更加普遍，更有科学价值。制造企业的技术创新通常嵌入在庞大创新网络之中，涉及供应商、合作伙伴、分销商、用户等多个利益相关者，通过研究制造企业的开放式创新，可以深入了解这些组织（个体）如何在复杂的生态系统中与外部创新主体进行合作创新。此外，相对于其他企业，制造企业在产品开发与设计方面往往面临更大的挑战，需要不断引入新的知识、技术与创新思维，研究制造企业的开放式创新可以揭示企业如何通过与外部创新主体合作，获取新的产品创意、方案与设计方法，从而更好地满足市场需求的内在逻辑。

因此，本研究选择制造企业进行开放式创新的相关研究有助于深入了解其在数字经济中的技术创新行为、技术转移过程以及如何应对市场环境变化的战略思维，为推动开放式创新实践提供有益的经验证据和洞见。

（3）数据收集

数据收集是一项复杂而长期的工作，对研究结论的科学性与客观性具有重要影响。从一些学者的研究经验来看，通过政商关系、企业黄页、社交网络等途径发放或扩散调查问卷，不但难以满足实证研究的随机抽样原则，而且所收集研究数据的质量也参差不齐。因此，为了提高数据收集效率，我们参照 Li 等（2023）、朱明洋等（2020）的方法，与行业知名的管理咨询公司合作，借助其专业实力，帮助本研究完成数据收集，主要过程如下：

第一，我们根据国家统计局的做法，将中国经济版图划分为东部、中部、西部与东北四大区域，按照 3∶2∶2∶1 的比例使用简单随机抽样技术选择广东、江苏、浙江、湖北、湖南、四川、陕西、辽宁等省份作为初级抽样单位。然后，我们从管理咨询公司的企业数据库中，按照随机抽样原则从上述省份各抽取 50 家制造企业作为调查对象，建立了一个包含 400 家制造企业的研究样本。

第二，由管理咨询公司向上述 400 家制造企业的高层管理人员发放并回收调查问卷。为了保证研究对象是已实施数字化转型、长期从事开放式创新的制造企业，我们在调查问卷中设置了 3 个筛选题项。其中，题项 1 从开放式创新的概念角度，由受访企业的高层管理人员回答该企业是否经常实施开放式创新；若受访企业回答"是"，则进一步要求其高层管理人员在题项 2 中介绍该企业实施开放式创新的主要领域及其对企业经营发展的作用；题项 3 则用来询问受访企业是否已经完成数字化转型。通过上述手段，我们从管理咨询公司收集的调查问卷中筛选出 296 家声明已实施数字化转型与开放式创新且问卷填写规范（剔除缺选题项和答案具有规律性的问卷）的企业。

第三，我们将上述 296 家企业的调查问卷返回管理咨询公司，由其专业领域的咨询顾问进一步甄别这些企业对题项 1~3 的回答是否与该企业的真实情况相符，最终得到有效问卷 265 份，有效问卷的回收率为 66.3%。

第四，针对调查问卷中可能存在的无回应偏差（nonresponse bias），我们根据 Armstrong 和 Overton（1977）、Wagner 和 Kemmerling（2010）的建议，按照回收时间的先后顺序将调查问卷分为两组，独立样本 T 检验的结果表明两组调查问卷在企业规模、所属行业等基本特征方面不存在显著差异，表明本研究的无回应偏差并不严重。此外，关于取样误差问题，我们查阅了与本研究使用同类方法的相关文献，Salganik 和 Heckathorn（2004）、Li 等（2023）指出，这种数据收集方法可以产生渐进无偏估计，为得出科学、客观的研究结论提供保障。

有效问卷的描述性统计如表 5-1 所示。其中，55.1%的企业来自传统制造业（通用及专用设备制造业、电气机械和器材制造业、金属制品业、医药制造、纺织服装等），44.9%的企业来自高技术制造业（电子及通信设备制造业、计算机及办公设备制造业、医疗仪器设备及仪器仪表制造业等）；在企业的地理分布上，东部地区（广东、江苏、浙江）占 37.0%，中部地区（湖北、湖南）占 26.4%，西部地区（四川、陕西）占 25.3%，东北地区（辽宁）占 11.3%；企业规模（员工数量）在 300 人以下的小型企业占 23.8%，300~1000 人的中型企业占 54.3%，1000 人以上的大型企业占 21.9%；企业年龄（成立时间）小于 10 年的占 15.8%，10~20 年的占 48.3%，20 年以上的占 35.8%；在企业性质方面，国有企业占 11.7%，民营企业占 69.4%，外资企业占 18.9%；研发强度（研发投入/营业收入）小于 3%的占 15.5%，3%~5%的占 39.6%，大于 5%的占 44.9%。

表 5—1　有效问卷的描述性统计

样本特征	类型	频次	比例
企业位置	东部地区	98	37.0%
	中部地区	70	26.4%
	西部地区	67	25.3%
	东北地区	30	11.3%
企业规模	<300 人	63	23.8%
	300~1000 人	144	54.3%
	>1000 人	58	21.9%
企业年龄	<10 年	42	15.8%
	10~20 年	128	48.3%
	>20 年	95	35.8%
所属行业	传统制造业	146	55.1%
	高技术制造业	119	44.9%
企业性质	国有	31	11.7%
	民营	184	69.4%
	外资	50	18.9%
研发强度	<3%	41	15.5%
	3%~5%	105	39.6%
	>5%	119	44.9%

5.3.2　变量测量

本研究选用既有文献中的成熟量表测量概念模型的相关变量。除个别控制变量外，主要变量均使用 5 级 Likert 量表度量（1 表示"完全不同意"，5 表示"完全同意"），量表构成及信度分析如表 5—2 所示。

表5—2　量表构成及信度分析

变量	测量题项	因子载荷
数字感知 Cronbach's α=0.874 CR=0.874 AVE=0.635	1. 能够利用数字技术识别有价值的内外部资源	0.766
	2. 能够利用数字技术快速感知市场环境变化	0.815
	3. 能够利用数字技术评估市场中的潜在威胁	0.832
	4. 能够利用数字技术及时了解市场机会	0.773
数字分析 Cronbach's α=0.898 CR=0.898 AVE=0.638	1. 能够利用数字技术集成多种数据资源	0.792
	2. 能够实施全价值链数据处理	0.756
	3. 能够利用数字技术设计营销策略	0.806
	4. 能够利用数字技术重构业务流程	0.813
	5. 能够利用数字技术与外界开展实时数据交互	0.824
数字创新 Cronbach's α=0.899 CR=0.900 AVE=0.691	1. 能够利用数字技术辅助产品与服务创新	0.827
	2. 能够利用数字技术优化内外部资源配置	0.839
	3. 能够利用数字技术开展智能决策	0.835
	4. 能够利用数字技术提升产品智能化水平	0.825
联合求解 Cronbach's α=0.860 CR=0.860 AVE=0.607	1. 企业与合作伙伴共同预测市场需求	0.771
	2. 企业与合作伙伴共同制订产品计划	0.790
	3. 企业与合作伙伴交流产品前景评估信息	0.773
	4. 企业与合作伙伴共同商议产品类型与数量	0.781
联合计划 Cronbach's α=0.862 CR=0.862 AVE=0.610	1. 企业与合作伙伴会主动为彼此提供帮助	0.747
	2. 企业与合作伙伴共同开展技术创新攻关	0.777
	3. 企业与合作伙伴共担风险责任	0.823
	4. 企业与合作伙伴共享彼此的知识基础	0.776
跨界融通 Cronbach's α=0.828 CR=0.829 AVE=0.618	1. 企业与合作伙伴保持紧密沟通互动	0.743
	2. 企业与外部主体开展多领域互联互通	0.826
	3. 企业与合作伙伴开展全方位全链条合作	0.788

变量	测量题项	因子载荷
开放式创新绩效 Cronbach's α=0.883 CR=0.883 AVE=0.603	1. 企业新产品数量显著增加	0.767
	2. 企业提高了新产品开发速度	0.775
	3. 企业创新项目成功率显著提升	0.771
	4. 企业专利申请量显著增加	0.804
	5. 企业新产品销售额不断上升	0.764
环境动态性 Cronbach's α=0.849 CR=0.849 AVE=0.531	1. 环境变化激烈	0.671
	2. 用户不断寻求新的产品与服务	0.786
	3. 当地市场瞬息万变	0.682
	4. 市场的变化超乎想象	0.740
	5. 产品与服务交付数量快速变化	0.758

（1）开放式创新绩效

使用 Huang 等（2018）的量表，有新产品数量、新产品开发速度、创新项目成功率、专利申请量、新产品销售额占总销售额的比例共 5 个题项，由高层管理人员评价其所在企业实施开放式创新的成效。

（2）价值共创机制

联合计划、联合求解使用 Claro D. P. 和 Claro P. B. O. （2010）、朱勤等（2019）的量表各采用 4 个题项测量。其中，联合求解包括"企业与合作伙伴共同预测市场需求""企业与合作伙伴共同制订产品计划""企业与合作伙伴共同商议产品类型与数量"等 4 个题项，联合计划包括"企业与合作伙伴会主动为彼此提供帮助""企业与合作伙伴共同开展技术创新攻关""企业与合作伙伴共担风险责任""企业与合作伙伴共享彼此的知识基础"4 个题项。跨界融通参考 O'cass 等（2014）、唐源等（2020）的研究，包括"企业与合作伙伴保持紧密沟通互动""企业与外部主体开展多领域互联互通""企业与合作伙伴开展全方位全链条合作"3 个题项。

（3）数字化能力

数字化能力使用由数字感知、数字分析与数字创新共三个维度构成的二阶指标测量。其中，数字分析参考 Akter 和 Wamba（2016）、冯檬莹等（2023）的研究，包括集成数据资源、数据处理与设计营销策略等方面共 5 个题项。数字感知使用易加斌等（2022）的量表，包括识别有价值的内外部资源、快速感知市场环境变化与评估市场中的潜在威胁等方面共 4 个题项。数字创新根据 Khin 和 Ho（2020）、张振刚等（2023）的研究，包括辅助产品与服务创新、优化内外部资源配置与开展智能决策等方面共 4 个题项测量。

（4）控制变量

根据 Huang 等（2018）、Wu 等（2021）、Akter 和 Wamba（2016）、Claro D. P. 和 Claro P. B. O.（2010）等研究，本研究将企业规模、企业年龄、所属行业、企业性质与环境动态性作为控制变量。其中，企业规模（1＝300 人以下，2＝300~1000 人，3＝1000 人以上）与企业年龄（1＝10 年以下，2＝10~20 年，3＝20 年以上）使用 3 级 Likert 量表度量；所属行业是以传统制造业作为参照组的 1 个二分类虚拟变量（0＝传统制造业，1＝高技术制造业）；企业性质是以国有企业为参照组的 2 个三分类虚拟变量（10＝民营企业，01＝外资企业）；环境动态性使用 Jansen 等（2006）的量表，包括环境变化程度、用户需求变动等 5 个题项。

5.4　实证分析

5.4.1　信度、效度与共同方法偏差

由表 5-2 可见，主要变量的 Cronbach's α 系数与组合信度（CR）均大于 0.7，表明量表的信度较好；全部测量题项的标准化因子载荷均大于 0.6，主要变量的平均方差萃取量（AVE）均大于 0.5，表明量表具有较高的聚合效度。表 5-3 的因子载荷均大于 0.6、跨因子载荷均小于 0.4，表 5-4 对角线处 AVE 的平方根均大于其他变量相关系数的绝对值，表明变量之间具有较高的区分效度。以上指标说明，本研究所用研究数据的信度与效度较好。

表 5-3　主要变量的主成分分析

测量题项	因子载荷							
	DS	DA	DI	JP	JS	CC	ED	OIP
DS1	**0.809**	0.141	0.149	0.030	0.071	−0.004	0.008	0.146
DS2	**0.803**	0.160	0.215	0.084	0.092	0.097	−0.036	0.130
DS3	**0.809**	0.146	0.136	0.067	0.167	0.045	−0.045	0.165
DS4	**0.727**	0.174	0.228	−0.041	0.202	0.029	0.089	0.186
DA1	0.141	**0.832**	0.111	0.130	0.006	0.046	−0.095	0.101
DA2	0.110	**0.812**	0.159	0.109	0.043	0.087	−0.049	0.096
DA3	0.123	**0.782**	0.217	0.107	0.010	0.129	0.044	0.117
DA4	0.173	**0.758**	0.201	0.021	0.055	0.063	0.064	0.116
DA5	0.075	**0.787**	0.163	0.144	0.112	0.092	−0.048	0.123
DI1	0.201	0.252	**0.768**	0.071	0.189	0.146	−0.019	0.109
DI2	0.244	0.241	**0.768**	0.099	0.116	0.140	−0.023	0.157
DI3	0.232	0.328	**0.707**	0.056	0.095	0.236	−0.093	0.147
DI4	0.212	0.264	**0.774**	0.036	0.160	0.096	−0.085	0.129
JP1	0.070	0.095	0.034	**0.798**	0.039	0.109	−0.151	0.154
JP2	0.030	0.163	0.028	**0.799**	0.040	−0.014	−0.086	0.176
JP3	0.047	0.059	0.117	**0.807**	0.082	0.041	−0.093	0.175
JP4	−0.009	0.124	0.021	**0.830**	0.094	0.089	0.013	0.058
JS1	0.159	0.005	0.174	0.095	**0.782**	0.025	−0.052	0.189
JS2	0.133	0.016	0.157	0.068	**0.815**	0.096	−0.044	0.143
JS3	0.213	0.041	0.071	0.058	**0.773**	0.211	−0.077	0.084
JS4	0.001	0.137	0.047	0.055	**0.821**	0.042	−0.135	0.116
CC1	0.059	0.095	0.181	0.062	0.115	**0.809**	−0.064	0.161
CC2	−0.001	0.070	0.200	0.091	0.134	**0.799**	−0.123	0.166
CC3	0.077	0.198	0.062	0.072	0.089	**0.809**	−0.058	0.147
ED1	−0.030	−0.046	−0.032	−0.072	−0.044	−0.105	**0.788**	−0.022
ED2	−0.066	−0.061	0.058	−0.126	−0.072	−0.096	**0.746**	−0.012
ED3	0.035	0.000	−0.045	0.002	−0.081	−0.095	**0.818**	−0.045

测量题项	因子载荷							
	DS	DA	DI	JP	JS	CC	ED	OIP
ED4	0.049	0.025	−0.170	−0.050	0.010	0.021	**0.746**	−0.093
ED5	0.007	0.004	0.030	−0.047	−0.090	0.041	**0.804**	−0.065
OIP1	0.147	0.107	0.045	0.069	0.213	0.199	−0.046	**0.748**
OIP2	0.157	0.173	0.056	0.217	0.086	0.130	−0.005	**0.772**
OIP3	0.166	0.108	0.093	0.098	0.087	0.091	−0.062	**0.777**
OIP4	0.080	0.064	0.099	0.120	0.085	0.072	−0.137	**0.799**
OIP5	0.103	0.129	0.186	0.157	0.132	0.074	−0.025	**0.756**

注：DS＝数字感知，DA＝数字分析，DI＝数字创新，CC＝跨界融通，JP＝联合计划，JS＝联合求解，ED＝环境动态性，OIP＝开放式创新绩效。

表 5-4 主要变量的均值、标准差与相关系数

变量	1	2	3	4	5	6	7	8	9	10	11	12	13	14
1. 企业规模	—													
2. 企业年龄	0.138*	—												
3. 所属行业	0.081	-0.009	—											
4. 民营企业	-0.140*	-0.116	-0.010	—										
5. 外资企业	0.171**	0.140*	-0.048	-0.527**	—									
6. 研发强度	0.058	0.178**	0.137*	0.010	-0.010	—								
7. 环境动态性	-0.096	-0.245**	-0.213**	0.085	-0.063	-0.180**	0.729							
8. 数字感知	0.071	0.118	0.043	0.068	-0.052	0.083	-0.036	0.797						
9. 数字分析	0.086	0.139*	0.107	-0.001	-0.077	0.008	-0.074	0.394**	0.799					
10. 数字创新	0.138*	0.237**	0.097	-0.054	0.002	0.093	-0.138*	0.535**	0.554**	0.831				
11. 联合计划	0.114	0.237**	0.067	0.020	-0.059	0.272**	-0.190**	0.162**	0.294**	0.231**	0.779			
12. 联合求解	0.021	0.229**	0.111	-0.029	0.025	0.259**	-0.185**	0.365**	0.199**	0.379**	0.215**	0.781		
13. 跨界融通	0.010	0.228**	0.029	-0.012	0.009	0.118	-0.186**	0.217**	0.309**	0.424**	0.227**	0.313**	0.786	
14. 开放式创新绩效	0.096	0.126*	0.111	0.071	-0.046	0.287**	-0.160**	0.403**	0.343**	0.393**	0.371**	0.368**	0.382**	0.777
均值	1.981	2.200	0.449	0.694	0.189	2.294	3.157	3.008	2.892	2.945	3.162	3.122	3.017	3.149
标准差	0.677	0.692	0.498	0.462	0.392	0.720	0.802	0.947	0.980	1.022	0.761	0.821	0.828	0.881

注：*、** 分别表示 p<0.05，p<0.01，对角线为 AVE 的平方根。

对于可能存在的共同方法偏差（common method variance）问题，我们根据 Podsakoff 等（2003）的建议，采用 Harman 单因子检验方法，将本研究使用的全部测量题项进行主成分分析，在不进行因子旋转的情况下共提取出 8 个特征值大于 1 的公因子，累计方差解释率为 71.4%。第一个公因子的方差解释率为 27.9%，低于 40% 的判定值，表明本研究不存在严重的共同方法偏差问题。

5.4.2 直接效应分析

本研究使用层次回归分析（hierarchical multiple regression）检验相关研究假设。在表 5-5 中，模型 1-1、模型 1-3、模型 1-5 与模型 1-7 是仅包含控制变量的基础模型，模型 1-2 在模型 1-1 的基础上加入数字化能力变量，结果表明数字化能力与开放式创新绩效之间存在显著的正相关关系（$b=0.485$，$p<0.001$），R^2 变化量为 0.181，故假设 H1 得到验证；模型 1-4 在模型 1-3 的基础上加入数字化能力变量，结果表明数字化能力与跨界融通之间存在显著的正相关关系（$b=0.375$，$p<0.001$），R^2 变化量为 0.122，故假设 H2a 得到验证；同理，由模型 1-6 与模型 1-8 可知，数字化能力与联合求解以及联合计划之间的相关系数分别为 0.207（$p<0.001$）与 0.356（$p<0.001$），故假设 H2b 与 H2c 得到验证。

表 5-6 呈现了开放式创新价值共创机制与开放式创新绩效的关系。由模型 2-2 可知，跨界融通与开放式创新绩效之间存在显著的正相关关系（$b=0.370$，$p<0.001$），R^2 变化量为 0.112，故假设 H3a 得到验证；由模型 2-3 与模型 2-4 可知，联合求解以及联合计划与开放式创新绩效之间的相关系数分别为 0.346（$p<0.001$）与 0.326（$p<0.001$），R^2 变化量分别为 0.077 与 0.082，故假设 H3b 与 H3c 得到验证。

表5—5　数字化能力的直接效应

变量	开放式创新绩效		跨界融通		联合求解		联合计划	
	模型1—1	模型1—2	模型1—3	模型1—4	模型1—5	模型1—6	模型1—7	模型1—8
企业规模	0.096	0.038	−0.036	−0.080	0.095	0.070	−0.036	−0.079
企业年龄	0.079	−0.029	0.228**	0.145*	0.192**	0.146*	0.206**	0.126
所属行业	0.096	0.033	−0.007	−0.055	0.005	−0.021	0.111	0.065
民营企业	0.181	0.225	0.007	0.040	−0.051	−0.032	−0.008	0.024
外资企业	0.002	0.131	−0.038	0.062	−0.241	−0.186	0.005	0.100
研发强度	0.302***	0.292***	0.072	0.064	0.228***	0.224***	0.233**	0.226**
环境动态性	−0.098	−0.084	−0.137*	−0.126*	−0.099	−0.093	−0.096	−0.085
数字化能力		0.485***		0.375***		0.207***		0.356***
R^2	0.113	0.294	0.075	0.197	0.137	0.181	0.117	0.229
ΔR^2	0.113	0.181	0.075	0.122	0.137	0.044	0.117	0.112
F值	4.661***	13.315***	2.973**	7.871***	5.806***	7.053***	4.860***	9.502***

注：*、**、***分别表示 $p < 0.05$，$p < 0.01$，$p < 0.001$。

表 5－6　开放式创新价值共创机制与开放式创新绩效的关系

变量	开放式创新绩效				
	模型 2－1	模型 2－2	模型 2－3	模型 2－4	模型 2－5
企业规模	0.096	0.109	0.063	0.108	0.088
企业年龄	0.079	−0.006	0.012	0.012	−0.082
所属行业	0.096	0.098	0.094	0.059	0.071
民营企业	0.181	0.179	0.199	0.184	0.195
外资企业	0.020	0.016	0.085	0.002	0.076
研发强度	0.302***	0.275***	0.223**	0.226**	0.168*
环境动态性	−0.098	−0.048	−0.064	−0.067	−0.012
跨界融通		0.370***			0.276***
联合求解			0.346***		0.269***
联合计划				0.326***	0.225***
R^2	0.113	0.224	0.190	0.194	0.312
ΔR^2	0.113	0.112	0.077	0.082	0.200
F 值	4.661***	9.259***	7.499***	7.710***	11.539***

注：*、**、*** 分别表示 $p < 0.05$、$p < 0.01$、$p < 0.001$。

5.4.3　中介效应分析

本研究使用 Process 软件，选择具有偏差矫正的百分位 Bootstrap 法，在 5000 次重复抽样条件下检验开放式创新价值共创在数字化能力与开放式创新绩效之间的中介效应。在表 5－7 中，对于 $DC \to CC \to OIP$ 路径，数字化能力与开放式创新绩效之间的总效应与直接效应的置信区间分别为 [0.367, 0.603] 与 [0.192, 0.447]，跨界融通在数字化能力与开放式创新绩效之间的间接效应置信区间为 [0.024, 0.127]，以上置信区间均不包含零，表明跨界融通在数字化能力与开放式创新绩效之间发挥部分中介效应，故假设 H4a 得到验证。对于 $DC \to JP \to OIP$ 路径，数字化能力与开放式创新绩效之间的总效应、直接效应与间接效应的置信区间均不包含零，表明联合计划在数字化能力与开放式创新绩效之间发挥部分中介效应，故假设 H4b 得到验证。由 $DC \to JS \to OIP$ 路径可知，联合求解在数字化能力与开放式创新绩效之间发挥部分中介效应，故假设 H4c 得到验证。中介效应的对比分析表明，跨界融通在数字化能力与开放式创新绩效之间的中介效应（14.8%）大于联合求解（10.3%），联合求解的中介效应大于联合计划（9.2%），故假设 H4d 得到验证。

表 5-7　开放式创新价值共创机制的中介效应

路径	效应	回归系数	标准误	95%置信区间	中介效应
DC→CC→OIP	总效应	0.485	0.060	[0.367, 0.603]	14.8%
	直接效应	0.319	0.065	[0.192, 0.447]	
	间接效应	0.072	0.026	[0.024, 0.127]	
DC→JS→OIP	总效应	0.485	0.060	[0.367, 0.603]	10.3%
	直接效应	0.319	0.065	[0.192, 0.447]	
	间接效应	0.050	0.026	[0.050, 0.106]	
DC→JP→OIP	总效应	0.485	0.060	[0.367, 0.603]	9.2%
	直接效应	0.319	0.065	[0.192, 0.447]	
	间接效应	0.045	0.019	[0.014, 0.085]	

注：DC=数字化能力，CC=跨界融通，JP=联合计划，JS=联合求解，OIP=开放式创新绩效。

5.5　结论与讨论

本研究基于知识基础观、价值共创、动态能力等理论，构建了"数字化能力—开放式创新价值共创—开放式创新绩效"的概念模型，利用 265 家中国制造企业的调查数据，考察了数字化能力对开放式创新绩效的作用机制，发现开放式创新价值共创在二者间所发挥的中介效应。经过研究假设、概念模型设计、问卷调查与回归分析等步骤，我们检验了概念模型的研究假设（假设检验结果见表 5-8），并得到以下结论：

表 5-8　假设检验结果

假设	检验结果
H1　数字化能力与开放式创新绩效正相关	支持
H2a　数字化能力与开放式创新价值共创的跨界融通机制正相关	支持

假设	检验结果
H2b 数字化能力与开放式创新价值共创的联合求解机制正相关	支持
H2c 数字化能力与开放式创新价值共创的联合计划机制正相关	支持
H3a 开放式创新价值共创的跨界融通机制与开放式创新绩效正相关	支持
H3b 开放式创新价值共创的联合求解机制与开放式创新绩效正相关	支持
H3c 开放式创新价值共创的联合计划机制与开放式创新绩效正相关	支持
H4a 开放式创新价值共创的跨界融通机制在数字化能力与开放式创新绩效之间发挥中介效应	支持
H4b 开放式创新价值共创的联合求解机制在数字化能力与开放式创新绩效之间发挥中介效应	支持
H4c 开放式创新价值共创的联合计划机制在数字化能力与开放式创新绩效之间发挥中介效应	支持
H4d 开放式创新价值共创机制在数字化能力与开放式创新绩效之间的中介效应按照跨界融通、联合求解、联合计划的顺序递减	支持

第一，数字化能力对企业开放式创新绩效具有正向促进作用。数字化能力是一种由数字感知、数字分析与数字创新组成的"高阶能力"，能够帮助企业洞察外部环境变化、识别市场中的机会与威胁、提升内外部资源配置效率，通过数字技术的深度应用赋能开放式创新活动，从而使企业在产品研发、技术突破与市场份额等方面取得绩效改善。

第二，数字化能力与开放式创新价值共创存在正向联系。开放式创新价值共创是企业在数字经济时代参与市场竞争的重要手段，企业通过跨界融通、联合计划与联合求解机制与多样化的创新主体开展合作创新，不但可以将新的理念、经验与技术等外部知识整合到内部的产品研发、运营管理等过程，而且可以将自身的知识输出作为扩大利润来源、巩固市场地位的战略工具。数字化能力使企业的价值创造更加灵活多样，促进企业与合作伙伴共同创造并提供更有价值的产品或服务。

第三，开放式创新价值共创在数字化能力与开放式创新绩效之间发挥部分中介效应，其效果按照跨界融通、联合求解与联合计划的顺序递减。价值共创激发了用户、供应商、同类企业等外部创新主体的广泛参与。在此过程中，数字化能力使企业能够更快地响应市场变化，更灵活地调整产品和服务，满足不同创新主体的合作需求，从而提高开放式创新绩效。从创新的广度、深度以及合作灵活性等方面来看，跨界融通机制具有更为全面而综合的作用，联合计划更加注重战略规划但在具体实践问题的解决上其作用弱于联合求解，联合求解机制的作用介于跨界融通与联合计划之间。

第6章 开放式创新跨组织合作风险的 表现与内在动因

本章将使用多个典型案例的对比分析方法,从跨组织合作与知识转移过程,考察数字经济下开放式创新价值共创中的合作风险,并基于交易成本、技术可供性等理论,深入挖掘诱发上述合作风险的内在原因,从而为后续章节进一步讨论开放式创新的协同治理对策建立理论基础。首先,根据理论抽样原则,选取来自电气机械和器材制造业、汽车制造业、家电制造业的3家上市公司为典型案例,通过深度访谈、现场考察与网络信息汇编等手段收集研究资料并完成数据编码。其次,按照质性分析方法的研究步骤开展数据分析,通过多个案例素材的对比分析与交叉验证,基于"行为—环境"的研究范式,提炼数字经济下影响开放式创新价值共创的主要合作风险。最后,基于交易成本、技术可供性等理论的分析思路与推理逻辑,从跨组织合作与知识转移的交互过程探讨生成合作风险的内在原因。

6.1 问题描述

数字经济时代,开放式创新已成为推动经济增长和产业发展的重要力量。开放式创新是企业在技术创新过程中有计划地引进外部知识或向外界输出内部知识,通过跨组织边界的知识转移来发挥分布式创新的协同效应,以此改善自身创新绩效的一种技术创新范式。知识转移、主体多样与边界模糊是开放式创新区别于其他技术创新活动的本质特征,激励不同创新主体间的价值共创是实施开放式创新的关键。Chesbrough(2017)指出,企业要重视知识在价值创造与竞争优势中的作用,摒弃封闭式创新中关于知识保护的思维惯性,将内部知识与外部知识置于同样的战略地位,主动引进外部知识来弥补自身的资源与能力缺陷,并向外界选择性地输出内部知识,以此扩大技术创新的实践领域,从而为企业开辟多种渠道的利润来源。从概念提出至今，开放式创新已经历二十年的发展历程，其对企业生存与发展的积极作用已受到业界的广泛认同。特别是在全球化竞争不断加剧的现实背景下，技术创新的复杂性与不确定性也在日益攀升，企业独立开展技术创新面临高投入、低回报、资源约束等多重压力，为了规避经营风险、拓展发展空间，越来越多的企业通过战略联盟、产学研合作、业务外包等形式开展技术创新，进一步推动了开放式创新的繁荣发展。

近年来，大数据、云计算、物联网等数字技术的出现为开放式创新带来了新的发展机遇。数字技术开创了数字经济这一新兴经济形态，触发生产要素、交易模式与价值创造等方面的深刻改变，正在以前所未有的速度重构市场竞争格局。为了快速融入数字经济，很多企业在积极使用数字技术改造业务流程、更新资源基础，通过数字化转型赋能创新链与价值链的协同运作，技术创新领域的数字化转型由此被提升至企业高层管理人员的战略议程。例如，宝洁公司（P&G）提出了以"联合与发展"（connect & develop）为主题的开放式创新战略布局，IBM 公司提出了以虚拟技术社区为载体的开放式创新实践路径，特斯拉（Tesla）公司在行业中掀起了以开源专利为主要内容的开放式创新倡议。在数字经济情境下，开放式创新作为技术创新的主导范式吸引了社会各界的广泛关注，探讨数字经济对开放式创新的赋能机理成为创新管理研究的前沿问题。Nambisan（2017）认为，开放式创新与数字技术的深度融合为企业高效整合与利用内外部知识指明了方向，数字技术为企业与外部创新主体的广泛合作提供了新的互动场景与应用界面，使组织间分布式、高通量、大规模的知识转移成为可能，极大地调动了技术创新的活力。Teece（2018）发现，数字技术在技术创新过程的深度应用，产生了数字创新这一全新的创新模式，企业以数字技术为组成或支撑要素，可完成对产品、业务流程与商业模式的不同程度的改造，原有条线清晰的产业边界、组织边界以及产品边界等变得越加模糊，动态、可延展、自适应的数字创新成为企业战略变革的重要表现。Del Vecchio 等（2018）认为，数字经济使开放式创新涌现出新的合作模式，组织间原有的创新网络将升级为数字创新生态系统，市场竞争格局也由企业之间的竞争上升为生态系统之间的竞争，企业竞争优势将高度依赖于数字创新生态系统的整体运营效率。Hilbolling 等（2020）对制造业的研究表明，很多企业在以数字化转型为契机建设数字产品创新平台，在原有研发项目中使用集成产品开发、产品全生命周期管理、产品数据管理等手段实施流程再造，大量利用人工智能、虚拟现实（VR）与增强现实（AR）等数字技术辅助产品研发，减少开放式创新过程的时间占用与资源消耗。Urbinati 等（2020）认为，数字经济激发企业主导逻辑（dominant logic）的改变，传统上由生产者驱动的价值创造升级为以用户为中心的多主体价值共创，不仅重新定义了"企业—产品—用户"之间的市场角色，而且以更强连接、更多交互、更多维度的价值创造进一步强化开放式创新的跨组织合作效率。Ciarli等（2021）指出，数字技术不仅在行为上改造企业的技术创新活动，而且在思想上使企业形成了开放、合作的数字化理念，深入渗透到各个产业的开放式创新实践，在为企业运营管理提供战略支撑的同时，也为其价值创造的变革贡献了实践方案。

数字经济与实体经济的深度融合是经济发展的必然趋势，在过程与结果上改变开放式创新的内在本质与外在表现，使产品研发、生产过程、组织形态与商业模式等呈现空前开放、繁荣的新局面。然而，新兴事物的出现总是伴有两面性，数字经济在赋能开放式创新的同时，新的问题也接踵而至。数字技术的泛在连接（ubiquitous connection）、可重复编程（reprogrammable functionality）、数据同质化（data homogenization）等特征（刘洋等，2022）在推动开放式创新的过程中也在展现"创造性破坏"，诱发各种潜在与现实的合作风险。开放式创新提倡企业弱化对知识的占有与控制，鼓励企业与外界建立广泛的合作关系，将组织间的知识转移视为促进内部研发或赚取创新收益的重要手段（Chesbrough，2003；陈钰芬和陈劲，2009）。数字技术将促使企业在开放式创新中进一步打开组织边界，但企业也会因此暴露在缺乏安全屏障的市场环境之中。由于不同创新主体之间存在的数字基础设施、数字化能力、数字战略思维与组织惯性等差异，处于资源与能力劣势的企业更容易在价值共创中遭受合作伙伴的算法歧视、数据操纵与信息滥用等新型机会主义行为的威胁，产生知识泄露、技术锁定、利润萎缩、控制权丢失等合作风险，降低创新效率、破坏合作关系甚至导致开放式创新的"价值共毁"。例如，开放式创新会涉及来自不同创新主体的数据集成，具有算法优势的企业可能在数据收集与处理方面建立歧视性或限制性标准，有意低估合作伙伴的数据贡献，进而在创新成果的权益归属上占据有利地位；受个体利益最大化的驱使，一些拥有完备数字基础设施的企业在分配合作创新收益时可能利用自身的技术优势强迫合作伙伴做出利益妥协，从而诱发组织间的利益冲突；一些企业可能在合作创新中有选择性地披露信息，隐藏某些关键数据，以影响合作伙伴对项目进展的评价与资源投入，甚至为了自身利益而误导合作伙伴在不对称信息的条件上做出错误决策；人工智能技术可以辅助合作创新过程的战略决策，但企业可能过度依赖智能计算结果，而忽视对客观事实的全面考察，从而掩盖了技术创新过程的潜在问题或不足；此外，组织间的"数字鸿沟"也为"搭便车""以次充好"等知识窃取行为提供了生存空间，造成合作伙伴的知识泄漏并降低合作创新的价值创造效率。

　　数字经济下，开放式创新的合作风险表现得更加隐秘，随着数字技术应用的不断深入，其对价值共创的影响也将进一步放大。目前，开放式创新的合作风险已引起了国内外学者的关注，但相关研究尚处于起步阶段。既有文献集中考察了平台垄断（张蕴萍和栾菁，2021；李韬和冯贺霞，2023）、商业伦理（刘天语等，2023）、供应链管理（Son，2021）等问题，对开放式创新价值共创过程的合作风险缺乏深入探讨。鉴于此，本研究将从跨组织合作与知识转移的二元视角，采用多案例对比分析的研究方法，考察数字经济下开放式创新价值共创过程的合作风险，并基于交易成本、技术可供性等理论，深入剖析诱发上述合作风险的内在动因。

6.2　研究设计与案例分析

6.2.1　研究方法

　　本研究旨在考察数字经济下开放式创新价值共创中的新问题与新现象，探究跨组织合作风险的表现与形成原因，属于"为什么"与"怎么样"之类问题的研究范畴，适合使用案例研究方法（Eisenhardt，1989）。在创新管理领域，案例研究是一种应用广泛的技术手段，建立在对客观事实的归纳与演绎之上，通过挖掘典型案例的内在本质来揭示复杂经济社会现象的一般规律，既可用于建构新的理论框架，也可用于对已有理论的验证与完善。相对于其他研究方法，案例研究具有情境带入、形式灵活与分析深入等诸多优势，适合对现象普遍、原因模糊的问题进行全面而深入的考察（Gerring，2006；Yin，2009）。按照研究目的划分，案例研究具有探索性、描述性以及验证性案例研究三种形式。本研究的目的是剖析开放式创新价值共创中合作风险的表现与成因，总结数字经济所产生的新问题的内在机理，既不是简单的现象描述，也不是对已有理论的二次验证，具有鲜明的探索性案例研究特征。因此，为了探究数字经济下开放式创新价值共创的底层逻辑，本研究将以多个典型企业案例为素材，选择探索性案例研究方法，在总结现象的基础上揭示其隐含的基本原理，进而为后续研究提供理论依据。

6.2.2　案例选择与数据收集

本章与第 4 章均采用案例研究方法，围绕数字经济下开放式创新价值共创这一共同主题开展理论探索。第 4 章的研究重点是开放式创新价值共创机制的提炼，本章的关注点集中于开放式创新价值共创中的合作风险，为了保持案例研究资料的来源一致性，科学呈现研究内容的逻辑关系，本章将使用与第 4 章相同的企业案例，即以电气机械和器材制造业、金属制品业、家电制造业的 3 家上市公司为研究对象，依次命名为企业 A、企业 B 与企业 C。案例选择过程见 4.2.3 节。

在数据收集过程中，我们同时兼顾了上述两个章节的研究内容，在深度访谈、现场考察、网络信息整理与媒体宣传采集等环节系统、全面地收集研究数据，规范开展多案例对比分析。数据收集过程见 4.2.4 节。

6.2.3　信度与效度

为呈现科学、客观的研究结论，案例研究需要进行信度与效度分析，其中效度分析又包括结构效度、内部效度与外部效度三个评价标准。本研究根据 Eisenhardt（1989）、Yin（2009）的建议，通过系统的数据收集过程，保障案例研究的信度与效度。

（1）信度

信度用来确保在不同时间、地点以及同等假设条件下开展重复研究所得到结论的一致性。本研究从准确性、客观性与完整性三个方面提高案例研究的信度。首先，研究团队认真记录访谈信息，在实地调查的过程中采用录音、拍照等辅助手段翔实地记录所见所闻。其次，我们向访谈对象强调，案例分析的资料仅用于学术研究，不会挪作其他用途，在访谈中使用通俗易懂的语言提出问题，耐心地记录受访对象的回答，给予访谈对象充分的自由发挥空间。最后，在实地调查的过程中摒弃先入为主的判断，客观、全面地将访谈、现场考察的数据与二手数据进行"三角验证"，进而从多个数据来源提高案例研究的可信性。

（2）效度

对于结构效度，本研究基于系统性、逻辑性的原则建立案例数据库，对研究数据进行反复筛查，以此生成完成的案例证据链。对于一些不够清晰的重要信息，研究团队采用多次回访的方式补充研究数据，确保真实反映访谈对象的本意。对于内部效度，我们通过系统梳理研究资料，结合既有文献的研究结论，提出构念与主要结论，多次检验研究数据与理论基础的匹配性，构建清晰、科学的理论框架。对于外部效度，本研究选择了来自三个不同行业的企业，避免行业同质性的影响，并基于差别复制的原则开展多案例对比分析，从而保障研究结论的普适性。

6.2.4　数据分析

本研究使用 NVivo 12 质性分析软件开展数据编码与分析，通过开放式编码、主轴编码与选择性编码等步骤，提炼出如图 6－1 所示的数据结构。数据分析结果的典型证据与编码示例如表 6－1 所示。

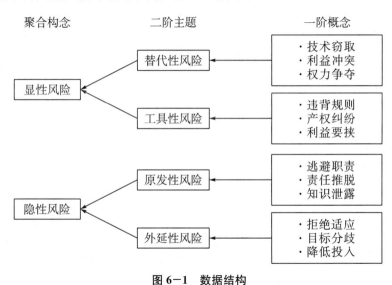

图 6-1　数据结构

表 6-1　数据分析结果的典型证据与编码示例

聚合构念	二阶主题	一阶概念	典型证据与编码示例
显性风险	替代性风险	技术窃取	公司向来高度重视知识产权保护，我们虽然与一些竞争对手建立了合作创新伙伴关系，但对于关键核心技术领域的合作始终采取十分谨慎的态度，因为我们担心合作伙伴会利用自身强大的数据计算、分析与处理能力复制我们的核心技术，使我们丧失技术优势（A1）；我们所处的行业技术壁垒较低，新产品出现不久，就会有仿品上市，数字经济下核心技术的保护难度在不断加大，我们曾经在合作中出现过，由于合作伙伴员工的数据操纵，使产品研发方案与专业技术外泄的情况（C1）
		利益冲突	数字技术的使用会进一步巩固公司的技术垄断地位，增加我们在利益分配中的讨价还价能力（A1）；我们在与一些业内知名电子元件供应商的合作中往往处于被动地位，他们会利用专利、数据等方面的垄断地位迫使我们修改合作契约，获得更多的利益分配，这也是很多国内公司遇到的关键核心技术"卡脖子"问题（C1）
		权力争夺	公司在与很多业内知名企业开展合作创新，会大量使用数字孪生、人工智能、虚拟现实等技术辅助产品设计，大家都有各自的技术优势，都想掌握合作的主导权，让对方按照自身的技术基础与方案执行产品研发，我们发生过因为合作方的数据垄断不得不做出让步的经历（B1）；公司的供应链伙伴基本完成了数字化转型，个别上游供应商会凭借数据优势、数据霸权等向我们提出修改资金投入、利益分配等主导权力的要求，有些甚至在签订契约时为了掌握主导权而坐地起价，我们发现这种现象在数字化转型后得到了放大（C1）
	工具性风险	违背规则	公司大多数的合作创新项目都是按照已有的经验和规则来订立协议，很多是行业约定俗成的惯例，没有必要全部写入协议，但我们发现一些企业会有意利用信息不对等，寻求合作的短期利益，而且其手段隐秘、不易发现（C2）
		产权纠纷	有了数字技术之后，一些公司会利用数字技术提供虚假信息或者在创新成果的数据分析时故意夸大自身的贡献，造成不必要的知识产权纠纷（A2）；信息滥用使合作创新中个体的隐性知识投入与努力程度难以被直接、有效地观察，为创新成果的权益归属、损失补偿、风险分担等制造了一系列知识产权纠纷（b2）

聚合构念	二阶主题	一阶概念	典型证据与编码示例
显性风险	工具性风险	利益要挟	数字经济为公司提供了新的发展空间,但信息滥用问题也是公司在合作创新中高度警惕的,这种行为在数字经济下变得更加难以识别,合作伙伴会使用未经我们授权的信息而谋取私利(a1);据我们所知,行业中一些公司已经在使用数字技术对合作伙伴的商业信息进行情报分析,利用他们所掌握的合作伙伴的"短板",在合作创新中擅自改变技术、资金与人员投入(B1)
隐性风险	原发性风险	逃避职责	合作创新过程由于缺乏数据安全措施以及未修补的软件漏洞,可能被其他组织或个人利用,从而访问系统并窃取敏感信息,造成信息泄露,但合作参与方都不愿意主动承担这一责任(A1);一些公司的数字基础设施并不完备,在与它们之间共享数据时,使用不安全的应用程序可能导致信息泄露,对我们造成损失(B1)
		责任推脱	在合作过程中,使用未加密的通信渠道传输敏感信息,容易受到未经授权的访问和截取,使用不安全或未经适当配置的云服务可能导致敏感信息泄露,但没有任何参与方愿意主动担责,甚至会因此而消极合作(B2);公司要求合作伙伴严格遵守合作创新的保密协议,但合作伙伴可能使用不安全的数字技术,使其无法履行其对信息安全的责任,并将责任归结到技术问题而不是它们自身的问题(C1)
		知识泄露	合作伙伴可能在共享敏感信息时出现错误,如将文件发送给错误的收件人或在缺乏安全保护的位置存储数据,从而导致知识泄露(B2);公司内部人员可能不慎将敏感信息分享给不相关的人员,尤其是在合作创新时,将会造成公司的知识泄露(C2)
	外延性风险	拒绝适应	算法歧视也会用到合作伙伴、用户分类选择上面,对合作伙伴、用户进行标签化,实施差别定价或者签署差异化的合作契约,这是很多中小型企业不愿意与大企业合作的主要顾虑(A2);我们可能与不同的合作伙伴进行合作创新,共享数据,在这个过程中,很多企业会担心所使用的算法会对这些数据中的个体或群体产生歧视性,从而拒绝深度合作(C2)

聚合构念	二阶主题	一阶概念	典型证据与编码示例
隐性风险	外延性风险	目标分歧	一般情况下公然违背合同的情况不多，但一个庞大的研发项目，总是会存在一些技术漏洞，特别是一些企业之间存在数字鸿沟，沟通不畅、误会在所难免，导致目标分歧与冲突（A1）；有的合作创新项目周期很长，产品设计过程要用到人工智能、仿真分析等技术，对一些数字技术实力较弱的合作伙伴难免会遇到强势一方的歧视，对于产品技术参数以及要达到的最终效果难以达成一致意见（B1）
		降低投入	如果合作伙伴之间的技术基础设施存在差异，可能会导致在共享数据、信息和技术时出现困难，这需要额外的资源投入来调整和协调不同的技术平台，但很多企业由于担心被合作伙伴"搭便车"，会选择降低资源投入（B1）

（1）开放式编码

对每一个案例企业的研究数据进行合并、筛选与提炼，建立初始编码表（见表4-3）。对数据进行系统性的分类与标记，对其进行概念化的命名与归类，形成"技术窃取""利益冲突""权力争夺"等12个一阶概念。

（2）主轴编码

对开放式编码中被分割的资料提炼共性特征，将"技术窃取""利益冲突""权力争夺"等一阶概念合并成"替代性风险""工具性风险""原发性风险""外延性风险"4个二阶主题。

（3）选择性编码

根据主轴编码中各种主题所属的属性和维度，建立主题与主题之间的联系，凝聚成为一个聚合构念，提炼出"显性风险"与"隐性风险"两个聚合构念，用前两级编码发展出的类属关系提炼一个可扼要说明全部现象的核心概念。

6.3　合作风险表现与成因

通过案例分析，本研究发现，数字技术在促进开放式创新价值共创的同时，也在诱发新的跨组织合作问题。随着合作时间的延续，价值共创中的原有问题与新问题不断耦合迭代，使数字经济下开放式创新的合作风险呈现出技术路径多变、参与主体多元、利益关系复杂、不确定性与模糊性叠加等特征。

第一，技术路径多变。数字技术可应用于市场分析、需求预测、产品研发与战略决策等多个领域，按照数字技术应用的专业化程度可分为低技术复杂性（即浅层应用）与高技术复杂性（即深度应用）两种形式，在开放式创新价值共创中由于数字技术自身的漏洞或不可控因素产生多种技术路径下的合作风险。例如，低技术复杂性应用情境下的信息泄露、信息滥用等，高技术复杂性应用情境下的数据垄断、算法歧视等，都会在组织间的价值共创中诱发不同类型的合作风险。

第二，参与主体多元。开放式创新价值共创是以企业为核心主体，与用户、供应商、学研机构甚至竞争对手合作开展的技术创新活动，每一类创新主体都具有不同的知识基础与专业特长，在跨组织合作中形成二元、多元以及复杂网络等多种合作关系。在数字技术应用的过程中，传统的跨组织合作问题会与数字技术应用所产生的新问题相互交织，对价值共创的顺利实施发出挑战。

第三，利益关系复杂。开放式创新价值共创由多个创新主体共同参与，不同创新主体的合作动机、目标、利益诉求可能千差万别，冲突与摩擦在所难免。在数字技术应用过程中，原有的冲突与摩擦可能会因为数字技术自身的漏洞或创新主体有意为之的动机而被进一步放大，增加跨组织利益协调的难度。

第四，不确定性与模糊性叠加。开放式创新尽管是一种新颖的技术创新范式，但与其他技术创新活动一样，存在高度不确定性。在数字经济下，这种不确定性既表现为技术创新的进程与成果难以预测，也体现在数字技术应用过程中由知识泄露、信息滥用等所导致的一些不可控因素。同时，开放式创新价值共创要进行跨越组织边界的知识转移，在数字技术的泛在连接下，参与合作的主体变得更加多元化，组织边界更加模糊，从而加剧合作风险的出现。

考虑到数字经济下开放式创新价值共创与数字技术应用深度耦合的互动关系，本研究根据 Williamson（1985）、Wathne 和 Heide（2000）等提出的"行为—环境"范式，结合案例分析的数据编码结果，从机会主义行为与技术环境两个维度提炼出如图 6-2 所示的四种典型合作风险，并按照风险的可观测、易识别程度，将上述风险进一步凝练为显性风险与隐性风险两个类别。其中，显性风险包括替代性与工具性风险，隐性风险包括原发性风险与外延性风险；机会主义行为包括"主动"（active）行为与"被动"（passive）行为两种表现，前者指合作参与方为谋求自身利益最大化，单方面改变合作契约、约定与规则的行为，后者指合作参与方在不改变合作契约、约定与规则的情况下，利用其中的漏洞而谋取私利的行为；技术环境分为数字技术的低复杂性应用与高复杂性应用两种类型，前者指将基础、简易、通用的低复杂性数字技术应用于开放式创新活动的技术使用环境（如数据搜索、数据分析与云计算等），后者指高端、专业、难以习得的高复杂性数字技术的使用环境（如数字孪生、机器学习与智能决策等）。

图 6-2　合作风险分类

6.3.1　原发性风险

原发性风险是在低复杂性技术应用环境下，合作参与方利用数字技术自身存在的功能缺陷或不可控因素，发现现有的合作契约、约定与规则中的漏洞，为寻求自身利益最大化而做出机会主义或利己行为，从而诱发的逃避职责、责任推脱与知识泄露等跨组织合作风险。目前，数字技术已被广泛应用于伙伴选择、市场分析与需求预测等领域，对于一些数字基础设施或数字化能力相对薄弱的企业，它们在开放式创新中使用更多的是一些基础、简易、通用的数字技术（如 5G、物联网、云计算等），用于数据搜索、分析与存储等常规操作，属于低复杂性技术应用环境。这些通用且功能单一的数字技术本身会存在一定的功能缺陷与不可控因素，造成使用过程中一方或多方的信息泄露、数据复制与知识溢出等问题。数字技术作为一种新兴技术，企业对其负面影响的认识存在滞后性，在建立开放式创新合作关系时难以将数字技术应用过程中的一些不良后果写入契约条款，造成"不完全契约"的规则漏洞，为合作参与方的机会主义与利己行为埋下隐患，进而在后续的价值共创中诱发始料未及的合作风险。从数字技术应用角度，由于合作风险的产生源于数字技术固有的功能缺陷或漏洞，所以本研究将这种合作风险命名为原发性风险。

在案例分析中，我们提炼出逃避职责、责任推脱与知识泄露等原发性风险的主要表现。逃避职责指价值共创过程中由于缺乏数据安全保护措施，企业的专有数据在不知情的情况下被合作伙伴或其他组织盗用，造成企业的关键信息泄露与利益损失，但合作参与方均不愿意主动承担这一责任的现象。责任推脱指合作参与方由于使用不安全的数字技术而造成阻碍价值共创的不良后果，并以契约漏洞为借口将责任归结为技术问题，进而推卸自身责任的现象。知识泄露指合作创新过程中由于担心不安全的数字技术可能造成技术、创意、经验等方面的知识泄露，为保护自身利益而主动采取"搭便车""以次充好"等消极合作行为。

6.3.2　外延性风险

外延性风险是在高复杂性技术应用环境下，合作参与方依靠自身数字基础设施、数字化能力、数字创新等方面的技术优势，借助排他性的数字技术发掘并利用现有合作契约、约定与规则中的漏洞以谋求自身利益最大化，从而诱发的一系列跨组织合作风险。外延性风险与原发性风险的相似之处是，它们都没有改变现有的合作契约、约定与规则。不同之处在于，外延性风险是合作参与方利用自身的数字技术优势来发现并利用现有合作中的"可乘之机"，而原发性风险利用的是数字技术固有的功能缺陷与不可控因素。在高复杂性技术应用环境下，企业与合作伙伴之间不对称的技术与能力普遍存在（Son 等，2021），一些合作参与方会借助自身的数字技术优势在合作创新中制定有利于己方利益的算法、标准与技术路线，在合作伙伴不知情的情况下控制合作进程、占有专业知识、实施歧视性定价，从而滋生分配不均、投入减少甚至合作关系破裂等跨组织合作风险。从数字技术应用角度，由于合作风险的产生源于合作参与方的技术优势，所以本研究将其命名为外延性风险。

在案例分析中，我们总结出拒绝适应、目标分歧与降低投入等外延性风险的主要表现。拒绝适应指企业在价值共创中由于忌惮合作伙伴的技术优势，而排斥在合作创新中使用自己无法掌控的数字技术，从而影响技术创新向纵深发展的现象。目标分歧指合作参与方之间存在技术差距或数字鸿沟，处于技术劣势的一方为避免遭遇合作伙伴的算法歧视而在价值共创中采取消极策略，导致在战略决策、研发进度与技术参数等方面难以达成一致意见的现象。降低投入指合作参与方之间的数字化能力或数字基础设施差异导致数据获取、信息集成与知识共享障碍，进而诱发一方或多方降低资源投入的现象。

6.3.3 工具性风险

工具性风险是在低复杂性技术应用环境下，合作参与方利用数字技术存在的功能漏洞或不可控因素，单方面提出改变或违背现有的合作契约、约定与规则以实现自身利益最大化，从而产生的违背规则、产权纠纷、利益要挟等跨组织合作风险。合作创新过程使用数字技术可能涉及大量商业机密、组织及个人身份信息等敏感数据，合作方会利用数字技术的功能漏洞，蓄意违反契约条款或合作规范，在数据存储、传输或处理过程制造数据泄露，损害合作伙伴的既得利益。尽管在签订合作契约时可通过设计违约惩罚条款约束合作参与方的履约行为，但是由于数字技术的不完备性，违约惩罚的力度往往难以准确评估。当合作方的违约收益高于相应惩罚时，合作契约将失去其约束刚性。而且，对于一些合作规范、信念等隐性契约条款以及共有知识产权问题，由于举证困难，违约行为即使被发现也往往难以获得有效惩罚。从数字技术应用角度，由于合作参与方将数字技术作为谋取自身利益最大化的工具，所以本研究将这种合作风险命名为工具性风险。

通过案例分析，本研究提炼出违背规则、产权纠纷、利益要挟等工具性风险。违背规则指合作参与方利用数字技术固有的功能与安全缺陷，为谋求自身利益而主动违反现有合作协议、约定与规则的现象。产权纠纷指合作参与方在使用数字技术的过程中可能未经授权地使用或盗用合作伙伴的创新成果，侵犯了软件、专利与商标等知识产权。利益要挟指在数字技术应用过程中企业违反原有规则，向合作伙伴提出不合理的费用要求（如虚构的开支、不必要的费用投入）、知识产权使用以及解约要求等，试图获取额外的经济或战略收益的现象。

6.3.4 替代性风险

替代性风险是在高复杂性技术应用环境下，合作参与方借助自身数字基础设施、数字化能力、数字创新等方面的技术优势，单方面提出改变或违背现有的合作契约、约定与规则，以实现自身利益最大化为目的的跨组织合作风险。替代性风险与工具性风险同为显性风险，二者的共同之处是均以合作参与方主动改变或违背现有契约、协议与规则为表现。不同之处在于，替代性风险需要合作参与方掌握更强的数字化能力、拥有更全面的数字基础设施，对数字技术应用的专业深度高于工具性风险。在高复杂性技术应用环境下，合作参与方可以凭借自身的数字技术优势在价值共创的全过程掌握控制权，通过数据操纵影响合作创新进程、通过数据垄断来干预合作伙伴行为与资源投入、通过数据强权来改变知识产权归属与利益分配。因此，替代性风险在四种合作风险中影响最大，产生的后果也最为严重。从数字技术应用角度，由于合作参与方将数字技术优势作为改变或颠覆现有规则的垄断权力，试图通过建立新规则来主导价值共创，所以本研究将这种合作风险命名为替代性风险。

通过案例分析，本研究提炼出技术窃取、利益冲突、权力争夺等工具性风险。技术窃取指合作参与方利用自身强大的数据计算、分析与处理能力复制合作伙伴的核心技术，从而剥夺后者核心技术优势的现象。利益冲突指掌握数字技术优势的合作参与方会利用数据操纵、数据垄断等手段逼迫合作伙伴做出利益让步，从而诱发的冲突、对抗等合作风险。权力争夺指合作参与方将数字技术优势作为牟利手段，争夺价值共创中的主导权，试图在资源投入、利益分配、任务指派等方面谋取自身利益最大化的现象。

6.3.5　风险成因

开放式创新价值共创为企业与合作伙伴的互利共赢指明方向，但实践中却面临着各种显性与隐性合作风险的挑战，降低创新效率、破坏合作关系甚至导致"价值共毁"。数字经济下，开放式创新价值共创的合作风险尽管有其特定的生成"土壤"与触发情境，但从跨组织合作角度出发，这些风险的形成依然根植于组织间合作互动的摩擦、冲突与对抗，这正是交易成本理论一直以来关注的核心议题。在数字技术应用过程中，一些固有的跨组织合作风险与数字经济的新场景、新业态相互交织，涌现出一些与数字技术高度耦合的新现象、新问题。这些问题源于数字技术应用，解释其形成机理也应回归数字技术的内在本质。近年来兴起的技术可供性理论，将为分析上述问题提供新的研究思路。因此，本研究基于交易成本与技术可供性理论，从有限理性、机会主义、资产专用性以及技术感知与互动等角度，分析开放式创新价值共创中合作风险的生成原因。

（1）有限理性

有限理性（bounded rationality）是交易成本理论的基本假设之一，指个体（组织）在决策或行为中所展现的一种不完全、有局限的理性，令个体通常无法做出最优决策（Williamson，1985）。有限理性源于不确定性、复杂性与不完全信息，由于难以获取、处理与记录所有信息，使得个体在决策或行动时出现信息、认知与判断局限，从而不能经常性地做出理论上的最优决策。在开放式创新的价值共创中，由于有限理性的存在，合作参与方在签订合作契约时往往难以将所有合作中的"或然事件"写入契约条款，导致契约中存在一些未明确定义或规定的履约要求，或者在契约中没有详尽地覆盖所有可能涉及的合作情形，进而形成"不完全契约"。企业与合作伙伴在有限理性的作用下所订立的"不完全契约"将为组织间的目标分歧埋下隐患，在利益最大化驱动下，组织间的目标分歧将影响价值共创过程的知识转移与资源投入，最终妨害组织间的价值创造。同时，"不完全契约"还会滋生组织间因知识转移而产生的摩擦、冲突与对抗。无论是研发有形的产品还是产出无形的技术专利与经验，开放式创新价值共创都以组织间的知识转移为载体。对于企业现有的知识基础，由于知识具有流动性与扩散性等特征，价值共创过程将派生出非正式、未补偿的知识溢出，使合作伙伴以较低的成本甚至免费获得企业的专业技术与经验。对于企业现有的知识缺口，创造新知识则需要组织间的共同努力与资源投入。如果价值共创过程的个体知识贡献与努力程度难以被直接、客观地识别，"不完全契约"将为合作参与方逃避责任与义务提供可能，诱导其刻意减少自身的知识投入与努力程度，为创新成果的权益归属、损失补偿、风险分担等制造一系列知识产权纠纷与利益冲突，从而产生显性与隐性跨组织合作风险。

（2）机会主义

机会主义（opportunism）指个体不择手段地寻求自身利益的行动，包括谎言、盗取、欺骗等显性形式以及故意误导、扭曲、伪装等隐性形式（Williamson，1985）。交易成本理论认为，由于非对称信息的存在，合作参与方可能会采用不正当的手段谋求自身利益最大化，导致合作伙伴之间互不信任，进而增加合作中的交易成本。一直以来，机会主义都是创新管理、市场营销、供应链管理等领域研究的重要问题（Wathne 和 Heide，2000；高维和等，2006；Lumineau 和 Oliveira，2020）。但是，不同于其他的跨组织合作活动，开放式创新的机会主义具有更加复杂的现实表现。一方面，开放式创新涉及知识获取、知识整合与知识价值转化（商业化）等多个阶段，各个合作方的利益相互嵌套；随着合作内容的变化，企业与合作伙伴的战略目标、合作动机、利益诉求也将不断改变，为机会主义行为创造生存空间，激励与控制跨组织合作行为的难度高于一般意义上的商业活动。另一方面，价值共创过程伴随着价值创造与价值获取的矛盾，企业与合作伙伴既要通过知识转移来完成价值创造，也要关注合作创新成果中的价值获取，当合作创新成果的个体知识贡献难以有效界定时，机会主义隐患也会随之而出现。此外，由于非对称信息，企业在甄选合作伙伴、协商合作契约等过程往往难以充分获悉潜在合作伙伴的能力、资源以及真实的合作意图，为具有机会主义动机的个体以隐瞒、欺诈等手段签订利己契约创造了条件。与此同时，掌握信息优势的创新主体可能在契约订立过程操纵知识定价、知识供给质量以及努力程度等约定，在合作创新过程干预合作伙伴的价值获取，进而滋生多样化的合作风险。

（3）专用性资产

专用性资产（asset specificity）指一旦投入使用就很难改变用途，或改变用途会招致难以忽略的价值损失的一种专门性投资，如独特的技术、设备与知识等。专用性资产既是驱动开放式创新实践的动力，也是诱发跨组织合作风险的重要因素之一。当企业投入了专用性资产（如核心技术、专业设备等）时，它们可能希望限制其在合作伙伴之间的使用范围，令合作伙伴在使用和共享这些资产时受到限制，从而降低跨组织合作的灵活性，为冲突与纠纷埋下隐患。对于稀缺性知识这类的专用性资产，开放式创新中频繁的知识转移还会令企业陷入知识共享与知识保护的决策困境（Laursen 和 Salter，2014；West 和 Gallagher，2006；张华等，2019），知识共享将增加知识泄漏风险，而知识保护则会束缚企业与外界的交流与合作，这一现象的持续发展将造成组织间的知识转移障碍。专用性资产投入还会增加协商与谈判的复杂性，企业与合作伙伴可能需要花费更多的时间、精力与交易成本就如何使用、共享和管理专用性资产达成一致，在合作各方的利益和目标存在冲突时，产生不可调和的矛盾。此外，专用性资产的投入还会导致合作参与方之间的资源依赖与权力失衡，任何一方提供了关键的专有技术，它们就会在价值共创中拥有更大的控制权与谈判能力，产生不平衡的合作关系，增加跨组织合作的不确定性。

（4）技术可供性

技术可供性（technology affordances）指技术（环境）提供给个体并激发

个体行为的可能性。可供性理论指出，个体对技术的使用效果取决于其对技术功能的感知与互动，所以不同个体使用同一种技术会产生多样化的使用效果。在数字经济下，由于企业之间存在数字技术储备、数字基础设施等数据资源差异，不同企业的数字技术应用效果也会千差万别。拥有雄厚数据资源的企业往往会在数字技术应用过程中取得更好的绩效表现。相反，那些数据资源相对薄弱的企业在数字经济下时常会陷入"数字化悖论"的困境，令高昂的数字化投入无法收获满意的利润回报。在开放式创新中，不同数据资源的企业之间会形成"数字鸿沟"，造成权力与知识向数据资源强势的一方倾斜，如果企业对合作伙伴的数据资源具有强烈的单边依赖（unilateral dependence）（Teece，2006），在利益分配时则可能遭遇后者的"敲竹杠"威胁，由此产生的产权纠纷、利益冲突将增加企业的创新收益损失（冯华和李君翔，2019）。此外，如果知识价值转化（商业化）过程的知识保护机制失效，企业的创新成果既可能被合作伙伴窃取，也可能被竞争者模仿，从而造成创新收益损失或商业化失败。同时，借助技术可供性带来的优势，企业还可以在价值共创中巩固自身的垄断地位，通过多样化手段进行合作伙伴的数据采集，利用不对称信息、数据垄断，不断改变与合作伙伴之间在契约关系上的平等权利，以此营造自身的创新网络或创新生态系统，使开放式创新由平等的合作关系，走向结构上的"中心化"与行为上的"封闭化"，从而背离价值共创的初衷。

6.4　结论与讨论

本研究使用多案例分析方法，讨论数字经济下开放式创新的跨组织合作风险，并基于交易成本、技术可供性理论，进一步分析合作风险的生成原因。经过开放式编码、主轴编码与选择性编码等步骤，根据"行为—环境"的研究范式，本研究提炼出原发性、外延性、工具性与替代性四种典型的合作风险，并将其划分为显性风险与隐性风险两大类别，进而从跨组织合作视角诠释了数字经济下开放式创新价值共创所表现出的新问题与新现象，主要研究结论如下：

第一，数字技术在促进开放式创新价值共创的同时，也在诱发新的跨组织合作问题。随着合作时间的延续，价值共创中的原有问题与新问题不断耦合迭代，使数字经济下开放式创新的合作风险呈现出技术路径多变、参与主体多元、利益关系复杂、不确定性与模糊性叠加等特征。

第二，从个体行为与技术环境两个维度出发，数字经济下开放式创新价值共创的合作风险呈现出原发性、外延性、工具性与替代性四种表现。按照风险的可识别、可观测程度，原发性与外延性风险可统一命名为隐性风险，工具性与替代性风险可概括为显性风险。在低复杂性技术应用环境下，开放式创新价值共创中使用更多的是一些基础、简易、通用的数字技术，合作参与方可能会借助数字技术固有的功能缺陷及不可控因素，主动违背合作契约或利用现有合作契约的漏洞，实施机会主义与利己行为，从而诱发工具性风险或原发性风险。在高复杂性技术应用环境下，一些合作参与方将借助自身的数字技术优势，通过数据垄断或算法歧视等手段谋求自身利益最大化，导致替代性风险与外延性风险的出现。

第三，基于交易成本、技术可供性理论，本研究认为数字经济下开放式创新的跨组织合作风险尽管源自数字技术应用所带来的负面影响，但在本质上依然根植于组织间合作互动的摩擦、冲突与对抗，企业与合作伙伴的有限理性、机会主义、资产专用性以及不同创新主体对数字技术功能的认知差异是诱发跨组织合作风险的主要原因。

第 7 章　开放式创新跨组织合作风险的协同治理

　　本研究在第 6 章提炼了数字经济下开放式创新跨组织合作风险的表现与成因，但没有讨论如何在互利共赢的条件下遏制合作风险的出现。为了提高实践指导意义，本章基于交易成本与关系交换理论，聚焦数字经济下开放式创新跨组织合作风险的治理问题，通过构建"治理策略—合作风险"的概念模型，实证检验契约治理与关系治理等治理策略对合作风险的抑制作用及其边界条件。首先，围绕合作风险的生成原因，系统回顾跨组织合作领域的既有文献，总结抑制合作风险的主要治理策略。其次，讨论开放式创新的契约治理与关系治理等治理策略对抑制合作风险所发挥的不同作用，构建"治理策略—合作风险"的概念模型，并讨论技术动荡性在上述关系中所发挥的调节效应。最后，通过问卷调查收集来自中国企业的研究数据，采用回归分析方法检验不同治理策略与合作风险的互动关系，总结出能够抑制合作风险的最优治理策略，进而为数字经济下有效规避开放式创新跨组织合作风险提供经验证据。

7.1　问题提出

　　随着全球化竞争的不断加剧，技术复杂性与知识分散化程度持续上升，依靠单一企业的资源与能力已无法独立完成技术创新的全部活动，汇聚外部创新主体的开放式创新成为企业实现可持续发展的必然选择（Chesbrough 等，2018）。开放式创新通过跨组织边界的知识转移，促进企业与用户、供应商、学研机构甚至竞争对手开展合作创新，不但拓展了企业的行为边界、激发了企业与合作伙伴的价值创造，而且在形式上开创了一种风险共担、互利共赢的新型跨组织合作模式（Lauritzen 和 Karafyllia，2019）。自概念产生以来，开放式创新就一直在推动企业的创新思维、行动与价值观念的持续变革，使专利许可、研发外包、兼并重组与战略联盟等合作创新模式不断发扬光大，有效释放了企业的创新潜能并促进创新成果快速转化为商业价值（Zobel，2020）。近年来，在大数据、云计算与人工智能等数字技术的驱动下，数字经济作为一种全新的经济形态大放异彩，正以前所未有的态势为开放式创新创造广阔的发展空间（Ogink 等，2023；Dabic 等，2023）。数字技术的泛在连接、数据同质化与可重复编程等特征正在重塑企业技术创新的底层逻辑，从产业链、供应链角度为开放式创新实施全方位、全链条赋能，推动企业价值创造与运营管理的颠覆性变革（刘洋等，2020）。然而，数字技术在激发开放式创新活力的同时，也对维护组织间的合作关系提出了严峻挑战（West 等，2014；吴晓波等，2022）。一些企业既可能凭借自身的数字基础设施、数字化能力等技术优势在开放式创新的利益分配、资源投入中侵占合作伙伴的合法权益，也可能利用数字技术的功能漏洞与监管空白窃取合作伙伴的核心技术与关键资源，进而在跨组织合作中诱发各种显性与隐性的合作风险，降低合作效率、破坏合作关系甚至导致"价值共毁"。在数字经济的高频竞争下，如何治理开放式创新价值共创中的合作风险由此成为学界与商界关注的热点问题。

7.1.1 合作风险的治理策略

自从"科斯定理"诞生以来，治理跨组织合作风险便长期吸引了学者们的研究兴趣，研究主题从早期的二元"买卖"关系发展到目前的多主体价值共创，形成了一系列标志性研究成果（Wathne 和 Heide，2000；高维和等，2006；Lumineau 和 Oliveira，2020）。很多学者认为，避免合作风险的出现主要依赖于能否使用适宜的治理策略遏制合作参与方的机会主义与利己行为，进而为多方共赢建立一种高效而稳固的合作关系（Zhou 等，2015；Cao 和 Lumineau，2015；Krishnan 等，2016；Yang 等，2021）。经过多年的理论探索，学界逐渐形成了契约治理与关系治理两种典型的治理策略。

（1）契约治理

契约治理以交易成本理论为基础，通过制定正式的契约、规则与制度来界定合作参与方的权责关系、利益分配与履约程序等合作细则，试图在签订契约时便对个体的机会主义与利己行为产生威慑作用，从而降低合作过程中的不确定性与潜在风险，属于合作风险的"事前控制"手段（Williamson，1985）[①]。契约治理的产生可以追溯至"古典契约理论"（classical contract theory）。其

---

① 交易成本理论的论述详见 2.3 节。

鼓励人们将契约细分为详细的合作条款，并按照契约的事先约定完成市场交易，是历史最为悠久、使用范围最为广泛的一种治理策略。然而，契约治理也存在一些自身无法超越的固有局限（Poppo 和 Zenger，2002；Liu 等，2009；Bouncken 等，2016）。首先，由于个体的有限理性，合作参与方既无法预测所有未来可能发生的"或然事件"，也难以用明确的契约条款将上述事件转化为可被识别的权利与责任，导致"不完全契约"的出现，从而降低契约治理的法律约束力。其次，即使合作参与方有能力发现契约中的规则漏洞，也可能因为需要不断地调查、取证而产生高昂的交易成本，无法制定内容详尽的完备契约，进而削弱契约治理的适用性。再次，订立契约过程可能需要反复协商，执行契约的过程则依赖于严格的制度刚性，会被合作参与方认为这是缺乏相互信任的表现，对一些长期合作关系的建立产生负面影响，使得契约治理缺乏灵活性。最后，不同合作参与方对契约的执行力度会存在多种认识，有些企业对合作条款的执行较为严格，而他们的合作伙伴在执行同样条款时可能漫不经心，为合作中的摩擦与冲突埋下隐患，从而降低合作效率。

（2）关系治理

关系治理，也称社会控制，建立在关系交换理论之上，认为个体的合作行为嵌入在社会关系中，主张通过信任、互惠、集体行动等关系型规则来激活合作参与方在签订契约后的"自我履约"行为，属于合作风险的"事后控制"手段（MacNeil，1974）[①]。与契约治理依赖于书面的协议、制度与规则等正式结构不同，关系治理建立在信任、互惠、集体行动等非正式结构以及合作参与方的自我约束之上（Dyer 和 Singh，1998；Malhotra 和 Murnighan，2002）。在现有文献中，信任、关系规范是两个最为常见的关系治理手段（Griffith 和 Myers，2005；Gulati，1995）。当一段合作关系中存在高度的相互信任时，任一合作参与方都会相信合作伙伴会关心彼此利益，不会利用任何可能的机会谋取私利。关系规范（包括角色认同、柔性、团结、信息交换、互惠、集体行动等机制）为合作参与方提供了一个履行合作承诺与协议的行动指南，通过互利互惠的集体行动来遏制个体的机会主义与利己行为。相对于契约治理，关系治理的局限在于它需要更多时间与资源来维护合作关系的可持续性，而且一些看似约定俗成的社会化规则与惯例由于缺乏明确的制度定义，也可能会造成机会主义行为泛滥的潜在风险（Dyer 和 Singh，1998）。

① 关系交换理论的论述详见 2.4 节。

110

（3）契约治理与关系治理的区别

契约治理与关系治理具有不同的理论基础与研究假设，主要存在以下四点区别（Zhou 等，2015；Cao 和 Lumineau，2015；Krishnan 等，2016；Yang 等，2021）。第一，治理思路。契约治理基于契约与法律框架，强调明确的权利与责任，更注重事先制定的规定，通过契约条款来确保合作的可控性与可预测性。关系治理通过合作伙伴间的相互信任与集体行动来建立与维护合作关系，强调长期合作、共同愿景与共享价值观。第二，冲突解决。契约治理更侧重契约规定的法律责任和争端解决机制，法律框架在其中起到重要作用，合作中的纠纷与争议要依法解决。关系治理倾向于通过对话与协商来解决冲突，旨在灵活地维护合作关系，重视合作各方的承诺与共赢。第三，时间跨度。契约治理更倾向于短期合作以及具体的交易内容，注重事务性的规定与执行。关系治理通常关注长期的合作关系，强调持久的合作与信任的建立。第四，信息环境。契约治理更注重如何履行契约中的规定，由于合作参与方之间可能存在非对称信息，因此需要在契约中明确定义各方的权利和义务。关系治理通常建立在对称信息的基础上，合作参与方能够更好地了解彼此的意图与行为。

7.1.2　治理策略的应用情境

目前，契约治理与关系治理作为治理跨组织合作风险的重要手段，已被广泛应用于创新管理、市场营销与供应链管理等情境。第一，创新管理领域。Lui 和 Ngo（2014）以战略联盟为研究对象，发现契约治理可以设计明晰的合作条款以降低联盟内部的非对称信息，通过增加联盟成员利己行为的机会成本来提升战略联盟合作绩效。张华和顾新（2022）发现，契约治理与关系治理均可以促进企业与关键合作伙伴建立长期而稳定的战略联盟，以此推动企业突破性创新绩效的持续改进。Krishnan 等（2016）认为，受市场环境与个体行为的共同影响，契约治理与关系治理相互替代，对合作风险的抑制作用存在情境差异，契约治理在中低水平行为不确定性与高水平环境不确定性的情况下效果最好，关系治理在高水平行为不确定性与低水平环境不确定性的情况下最为有效。李晓冬和王龙伟（2016）讨论了契约治理与关系治理的互动关系，发现企业在获取显性知识时契约治理与关系治理形成了互补效应，在获取隐性知识时二者之间会发生相互排斥的替代效应。Pittino 和 Mazzurana（2013）对中小企业的研究表明，契约治理与关系治理在从事探索式创新的战略联盟中互为补充进而提高联盟成员创新绩效，在利用式创新的战略联盟中则会相互替代。

Poppo 和 Zenger（2002）、Liu 等（2009）、Arranz 和 De Arroyabe（2012）、Cao 和 Lumineau（2015）、Bouncken 等（2016）等研究指出，契约治理与关系治理互为补充，相对于单一治理机制，联合使用契约治理与关系治理更有利于提升跨组织合作绩效。第二，市场营销领域。张闯等（2016）发现，契约治理对经销商利他行为具有正向促进作用，组织间的团结、相互信任与合作柔性对上述关系发挥正向调节作用。刘宏等（2019）认为，参与、社会影响、私人关系等关系治理机制是遏制营销渠道中机会主义行为的有效手段。樊志文等（2019）针对营销渠道中不对称依赖关系的研究表明，契约治理与关系治理对渠道关系稳定产生正向影响，关系治理在契约治理与渠道关系稳定之间发挥中介作用，被依赖企业的认知合法性正向调节契约治理与关系治理之间的关系。宋锋森和陈洁（2020）发现，供应商声誉对分销商利他行为具有正向影响，契约治理对供应商声誉与分销商利他行为之间的关系起着不同的调节作用，即契约治理弱化了供应商分销能力声誉、创新声誉对分销商利他行为的正向影响，强化了供应商公平交易声誉对分销商利他行为的正向作用。第三，供应链管理。李维安等（2016）指出，关系治理是供应链成员之间非正式的相互理解、交流和沟通，能够提升彼此的互动程度和社会化关系，从而增强成员之间的紧密合作与协商，最终增加供应链柔性。王清晓（2016）对装备制造企业的研究表明，关系治理能够促进供应链知识共享与创造，契约治理的作用则反之。冉佳森等（2015）采用纵向案例研究，发现促进长期跨组织协同的关键在于实现契约治理与关系治理的共同实施，并在供应链运营管理不断优化的过程中实现契约治理与关系治理的平衡。冯华等（2020）发现，关系治理对供应链信息共享与供应链绩效均产生正向影响，契约治理则对供应链信息共享产生负向影响且对供应链绩效的影响并不显著。卢强等（2023）对中小企业供应链的研究表明，契约治理与关系治理对提高中小企业供应链融资绩效具有积极作用，随着环境不确定性的增强，契约治理较关系治理更有利于提升中小企业供应链融资绩效。

　　既有文献为本研究提供了有益借鉴，但仍有一些问题有待深入探讨。尽管学者们普遍认同契约治理与关系治理是遏制机会主义行为、规避跨组织合作风险的重要手段，但研究结论存在较大分歧。一些学者坚持契约治理与关系治理可以相互替代，另一些学者则认为契约治理与关系治理可以互为补充。Zhou 等（2015）、Krishnan 等（2016）、Yang 等（2021）等指出，契约治理与关系治理之间的关系受研究情境的影响，不能一概而论。对于短期合作、二元关系，契约治理是一种简单、低成本的治理策略。长期合作时关系治理对于维护稳定的合作关系将发挥更大作用。只有灵活、系统地使用契约治理与关系治理才能够最大限度地发挥它们各自的功能。考虑到开放式创新价值共创具有的技术路径多变、参与主体多元、利益关系复杂、不确定性与模糊性叠加等特征，本研究认为维护长期而稳定的合作关系对于开放式创新的成败至关重要，因此我们借鉴 Poppo 和 Zenger（2002）、Arranz 和 De Arroyabe（2012）、Bouncken 等（2016）的观点，将契约治理与关系治理的互补关系作为研究切入点，重点考察二者的联合使用（即协同治理）对合作风险的抑制作用。此外，创新管理领域的现有研究主要关注契约治理与关系治理对知识获取（李晓冬和王龙伟，2016）、突破性创新（张华和顾新，2022）、探索式创新与利用式创新（Pittino 和 Mazzurana，2013）的影响，鲜有文献考察数字经济下开放式创新的跨组织合作问题，导致契约治理与关系治理对合作风险的影响机理仍不甚明确。

综上所述，本研究基于交易成本与关系交换理论，构建"治理策略—合作风险"的概念模型，借鉴 Poppo 和 Zenger（2002）、Arranz 和 De Arroyabe（2012）、Bouncken 等（2016）的研究思路，从单一治理（契约治理与关系治理彼此独立使用）与协同治理（契约治理与关系治理联合使用）两个角度实证检验契约治理与关系治理等治理策略对合作风险的不同影响。同时，考虑到数字经济下产业技术快速更迭对开放式创新的颠覆性作用，本研究将技术动荡性作为调节变量，进一步分析治理策略与合作风险之间的边界条件。

7.2 研究假设

7.2.1 单一治理策略与合作风险

本研究参考 Poppo 和 Zenger（2002）、Arranz 和 De Arroyabe（2012）、Bouncken 等（2016）等文献，将跨组织合作的治理策略划分为单一治理与协同治理两种类型，从数字经济情境下，分别考察上述治理策略对开放式创新价值共创中合作风险的影响机理。其中，单一治理（singular governance view）指契约治理与关系治理相对独立的存在，在使用中缺乏相互配合，没有从全局角度考虑二者之间的联系与互动对治理效果的影响；协同治理（plural governance view）指契约治理与关系治理联合使用，旨在通过二者间的优势互补最大限度地发挥治理效果。结合本研究在第 6 章的研究发现，我们将从显性风险与隐性风险两个角度探讨单一治理与协同治理对开放式创新跨组织合作风险的影响[1]。

基于交易成本与关系交换理论，本研究认为在单一治理策略的应用场景下，关系治理对开放式创新跨组织合作风险的影响大于契约治理。

一方面，关系治理对显性风险的抑制作用大于契约治理。数字经济下开放式创新价值共创的显性风险是合作参与方在数字技术应用过程中，为谋求自身利益最大化而主动违反现有合作协议与规则所诱发的合作风险，包括以信息滥用为媒介的工具性风险以及以数据垄断为手段的替代性风险。显性风险是对现有合作协议与规则的公然违背，一旦出现，就意味着以契约为纽带的合作关系出现了重大危机。此时，如果依靠契约治理来修复合作关系，并以此抑制显性风险的出现，不仅会遭遇重重阻力，甚至在结果上可能适得其反。主要原因在于，契约治理所固有的"不完全契约"问题，无法从根本上杜绝合作参与方的机会主义行为，特别是在数字技术广泛应用的现实背景下，一系列新现象、新业态层出不穷，会不断扩大"不完全契约"中的制度漏洞（Son 等，2021）。实践中，以数据操纵、信息滥用为代表的新型机会主义行为不但更加隐秘，而且其变化多端的表现也制造了大量的法律空白，削弱了契约治理的法理依据。此外，契约治理具有严格的制度刚性，合作参与方的违约行为一经被发现，就要按照事先制定的合作条款实施惩罚，这可能会激化合作参与方努力掩盖自身的违约事实，造成合作关系的进一步恶化。相反，关系治理在抑制显性风险中的表现要优于契约治理。关系治理是一种基于信任与关系规范的治理策略，它正视不确定性与个体有限理性，通过团结、共同愿景、互惠原则等产生的"自我履约效应"约束个体的机会主义与利己行为，既有助于强化契约的控制力度，也弥补了契约中的"未尽事宜"所导致的监督漏洞（Poppo 和 Zenger，2002；Zhou 等，2015）。在数字经济下，关系治理可以增加企业与合作伙伴的理解与共识，通过信息交换与集体行动来消除组织间的非对称信息，激励他们以彼此可以预见的行为实施开放式创新，为协商解决利益纠纷、冲突与对抗营造和谐的合作氛围。

另一方面，关系治理对隐性风险的抑制作用大于契约治理。隐性风险是合作参与方在数字技术应用过程中，利用开放式创新合作协议的漏洞而制造的合作风险，包括以信息泄露为触发条件的原发性风险以及以算法歧视为手段的外延性风险。相对于显性风险，隐性风险更加难以识别，在行为上更多地表现为

---

[1] 显性风险与隐性风险的概念内涵与表现详见 6.3 节。

合作参与方以逃避职责、拒绝适应等消极合作的方式谋取自身利益。由于产生隐性风险的行为主体没有公然违背现有合作协议，因此契约治理仍可以在既定的制度框架下抑制隐性风险的出现。契约治理可以在组建合作关系时明确企业与合作伙伴的成本分担、产权归属与利益分配等合作细节，为开放式创新建立一个指导性合作纲领，通过制定严格的奖惩条款来震慑未来可能出现的机会主义与利己行为（Zobel 和 Hagedoorn，2020）。在合作过程中，契约治理还可以通过例行的沟通与联络机制，监督合作参与方的工作进展，按照项目管理思维对可识别的贡献与资源投入实施严格的绩效考核，从而最大限度地杜绝违约行为的出现（Bagherzadeh 等，2019）。契约治理的优势在于"事前控制"，但无法从根本上避免"不完全契约"的制度漏洞，数字经济的不确定性则会进一步削弱契约治理对开放式创新的作用效果。此时，关系治理将超越契约治理成为应对数字经济挑战的首选治理策略。关系治理能够建立组织间的共同愿景，在面对不确定性与多变的外部环境时，通过集体行动所产生的伙伴监督与利益绑定关系降低非对称信息的影响，使任何个体行为都显露于合作伙伴的集体监督之下，令逃避职责、拒绝适应等消极合作行为无所遁形，从而引导合作参与方积极融入知识转移与合作创新活动（张华和顾新，2022）。此外，关系治理可以通过信任与信息共享来提高组织间的合作默契，从而增强开放式创新的灵活性与适应性（Aagaard 和 Rezac，2022）。根据上述分析，提出以下研究假设：

H1　关系治理对开放式创新跨组织合作风险的抑制作用大于契约治理。

H1a　关系治理对原发性风险的抑制作用大于契约治理。

H1b　关系治理对外延性风险的抑制作用大于契约治理。

H1c　关系治理对工具性风险的抑制作用大于契约治理。

H1d　关系治理对替代性风险的抑制作用大于契约治理。

7.2.2　协同治理策略与合作风险

契约治理与关系治理是治理跨组织合作风险的重要手段，但优势与劣势均十分突出。采用单一治理策略既无法集中发挥二者的优势，也难以对跨组织合作风险形成全面理解。因此，一些学者主张通过协同治理策略来抑制跨组织合作风险（Poppo 和 Zenger，2002；Arranz 和 De Arroyabe，2012；Bouncken 等，2016）。协同治理表现为契约治理与关系治理的联合使用，其本质是将系统论的思想应用于跨组织合作风险的治理。本研究认为，协同治理对开放式创新合作风险的抑制作用大于单一治理。我们沿用上文的分析思路，从显性风险与隐性风险两个角度讨论协同治理在开放式创新中的作用。

一方面，协同治理对显性风险的抑制作用大于单一治理。契约治理与关系治理的联合使用可以从开放式创新的"事前"与"事后"全面监控合作参与方的机会主义与利己行为，有效抑制显性风险的出现。在建立合作关系时，关系治理有助于企业与合作伙伴以诚信、团结的态度开展积极合作，降低彼此间的非对称信息，为协商契约条款提供便利的沟通渠道，使来自不同领域的创新主体在和谐的氛围下充分讨论契约的权责关系与合作程序，提高契约对个体行为的约束力度，从而最大限度地填补"不完全契约"规则漏洞。在合作过程中，关系治理不但为企业与合作伙伴搭建了知识转移与交互学习的"桥梁"，使研发难题、技术路线、产品设计方案等获得充分的交流与技术支持，而且为组织间按照契约约定的程序分配创新收益提供保障。在既定的契约框架下，关系治理将抑制合作参与方对现有合作协议与规则的公然违背，使组织间的信息更加开放透明，约束合作参与方恪守合作承诺、履行契约条款所规定的各项责任与义务。当出现利益冲突时，关系治理则会增加合作参与方的相互理解与换位思考，提高个体面对利益冲突的克制力，为协商修订契约中的利益分配条款创造条件。此外，协同治理所形成的相互信任还会随着合作时间的延续而不断强化，遏制数字技术应用过程的信息滥用与数据垄断行为，以此降低工具性风险与替代性风险的出现。

另一方面，协同治理对隐性风险的抑制作用大于单一治理。对于合作参与方因逃避职责、拒绝适应等消极合作行为所诱发的隐性风险，协同治理可以通过组织间的相互信任与集体行动弥合价值共创中的目标分歧、激励知识转移与资源投入、缓解知识泄露与产权纠纷，从而实现开放式创新的多方共赢。相对于单一治理，协同治理能够促进企业与合作伙伴的目标聚焦于对各方有利的战略决策与长期利益，使合作参与方的创新行为转向基于共同责任与整体利益的集体行动，从而降低不确定性对合作创新的影响。契约治理与关系治理的联合使用将树立组织间的共同愿景，将合作参与方的有限理性与利益最大化诉求引导至对整体利益的关注，调和个体的短期目标与集体的长期目标之间的利益分歧。对于"不完全契约"的规则漏洞，协同治理有助于协商合作中的资源投入、产权归属、利益分配等未尽事宜，使契约条款的权责关系与合作程序更加细致完备，激励组织间的知识转移与合作开放，从而抑制原发性风险与外延性风险的出现。根据上述分析，提出以下研究假设：

H2 协同治理对开放式创新合作风险的抑制作用大于单一治理，即联合使用关系治理与契约治理对开放式创新合作风险的抑制作用大于契约治理与关系治理的单独使用。

H2a　协同治理对原发性风险的抑制作用大于单一治理。

H2b　协同治理对外延性风险的抑制作用大于单一治理。

H2c　协同治理对工具性风险的抑制作用大于单一治理。

H2d　协同治理对替代性风险的抑制作用大于单一治理。

7.2.3　技术动荡性的调节效应

数字经济下开放式创新价值共创的合作风险不仅源于合作参与方的机会主义与利己行为，而且受到外部环境的影响（Hung 和 Chou，2013；Ovuakporie 等，2013）。从数字经济的生成逻辑出发，技术动荡性是外部环境中最具情境特征、对跨组织合作的影响最为强烈的一个核心要素。技术动荡性（technological turbulence）用于衡量市场中技术体系发生快速、持续且深刻变化的程度（Jaworski 和 Kohli，1993）。技术动荡性越大，表明现有技术的变化程度越高，这种变化通常伴随着新兴技术的涌现、传统技术的消亡以及市场结构的动态调整。有别于其他经济形态，企业在数字经济下面临的技术动荡性更加复杂多元，既受到传统产业技术更迭的影响，也在遭受新兴数字技术的巨大冲击。可以预见，随着人类科技水平的不断进步，技术迭代升级的速度也将同步提升，令技术动荡性变得愈加模糊、猛烈且难以预测。在高度动荡的技术环境下，企业的产品与服务将随时面临被淘汰的风险，企业只有持续的技术创新才能维护自身的市场地位，对资源禀赋与核心能力均提出了更加严苛的要求（Gomezel 和 Aleksic，2020）。技术动荡性使得单一领域的知识基础越来越难以支撑技术创新的可持续性，企业需要以积极、开放的态度与来自不同领域的外部主体广泛地实施开放式创新（Hung 和 Chou，2013；Cui 等，2022）。协同治理作为抑制开放式创新合作风险的重要手段，其功效将在高度动荡的技术环境下得到进一步强化。

一方面，技术动荡性会加强协同治理对开放式创新显性风险的抑制作用。高度的技术动荡性会提升技术创新的不确定性，削弱单个企业的抗风险能力，企业只有与更多的外部主体建立紧密的合作关系，才能共同抵御外界的威胁与挑战（Jin 等，2022）。在此情境下，协同治理会调和组织间的目标分歧，在"不完全契约"的基础上建立相互信任、深化利益绑定，促进企业与合作伙伴以正直、友善的态度开展知识转移与交互学习，在价值共创中遏制数据操纵、技术霸权、信息滥用等"主动"机会主义行为所诱发的工具性与替代性风险，从而使利益冲突、权力争夺等问题在和谐的氛围下得以协商解决。相反，对于那些没有协同治理保障的开放式创新活动，高度的技术动荡性只会加剧个体面对不确定性的恐慌与畏惧，诱使合作参与方以更加激进的机会主义行为来保全自身利益，最后在"零和博弈"中终结合作关系。因此，技术动荡性越大，协同治理越有助于提升企业与合作伙伴在开放式创新中战胜困难的勇气与信念，抑制显性风险的出现。

另一方面，技术动荡性会提升协同治理对隐性风险的抑制作用。隐性风险源于低复杂性数字技术应用情境下的"被动"机会主义行为，合作参与方利用基础、通用的数字技术来寻找合作协议中的漏洞，进而谋取自身利益最大化。隐性风险中的机会主义行为相对"温和"且更加隐秘，但也从另一个侧面说明了此时合作创新的可分配利益相对有限，合作参与方持有一种既要扩大自身利益，又畏惧公然对抗的复杂心态。事实上，技术动荡性在制造挑战的同时，也为开放式创新提供了新的发展机遇（Hung 和 Chou，2013；Li 等，2020）。频繁的技术变化将引起技术标准、市场结构与商业模式等一系列变革，企业可以借助技术变革的机遇改变产品组合与知识基础，在新一轮技术标准的形成中塑造竞争优势，以此颠覆原有的市场竞争格局。处于高度动荡的技术环境之下，协同治理可以激励企业与合作伙伴充分展望未来，对开放式创新的目标市场、预期收益形成更加清晰的认识，通过树立更加宏大的战略目标来规避合作参与方的机会主义与"短视"行为，将外界压力与挑战转变为不断进取的内在动力，从而在源头上遏制隐性风险的出现。根据上述分析，提出以下研究假设：

H3 技术动荡性负向调节协同治理与开放式创新跨组织合作风险之间的关系，即技术动荡性越大，协同治理对合作风险的抑制作用越强。

H3a 技术动荡性负向调节协同治理与原发性风险之间的关系。

H3b 技术动荡性负向调节协同治理与外延性风险之间的关系。

H3c 技术动荡性负向调节协同治理与工具性风险之间的关系。

H3d 技术动荡性负向调节协同治理与替代性风险之间的关系。

综上所述，本研究提出如图 7-1 所示的概念模型。

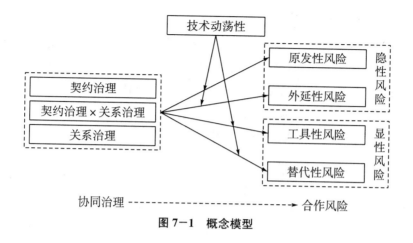

图 7-1 概念模型

7.3 研究设计

7.3.1 样本与数据收集

本章与第 5 章的研究数据均由同一份调查问卷收集得到。我们与管理咨询公司合作，面向广东、江苏、浙江、湖北、湖南、四川、陕西、辽宁等省份的制造企业，采用随机抽样方法发放 400 份调查问卷，回收有效问卷 265 份，调查问卷的有效回收率为 66.3%①。调查问卷的主要内容包括企业信息（企业性质、企业年龄、企业规模等）以及变量测量量表等。

7.3.2 变量测量

本研究的主要变量均使用 5 级 Likert 量表（1 表示"完全不同意"，5 表示"完全同意"）测量。除开放式创新跨组织合作风险的量表为自主开发外，其他变量均来自既有文献的成熟量表。

（1）合作风险

目前，开放式创新跨组织合作风险尚无成熟量表可供使用。本研究根据6.2.4 节案例分析的结果，按照 Churchill（1979）建议的量表设计步骤，开发合作风险量表。

---

① 问卷设计、样本选择与数据收集过程详见 5.3.1 节。

第一，设计初始量表。本研究以 6.2.4 节数据分析结果为基础，与 5 位创新管理领域的专家与企业高层管理人员进行深度访谈，讨论数字经济下企业在实施开放式创新过程中的合作风险事例，从原发性风险、外延性风险、工具性风险与替代性风险 4 个变量总结出 14 个典型事例并凝练成测量题项。为了提高量表的内容效度，我们请上述专家对测量题项的逻辑结构、文字表述、科学性与规范性等提出修改意见，以此形成初始量表（见表 7-1）。

表 7-1　合作风险量表

变量	测量题项
原发性风险	IR1 合作参与方不愿承担数据安全问题所导致的利益损失责任
	IR2 合作参与方在遇到数字技术造成的问题或冲突时会互相推诿
	IR3 合作参与方由于忌惮数字技术带来的知识泄露而消极合作
	IR4 合作参与方顾忌信息泄露的安全风险而排斥深度合作
外延性风险	ER1 合作参与方担心利益受损而拒绝适应新的技术或情境
	ER2 合作伙伴之间会由于数字鸿沟而产生目标分歧
	ER3 合作伙伴之间会由于数字化能力与技术差距而降低资源投入
	ER4 合作伙伴之间存在信息滥用的机会主义动机
工具性风险	TR1 合作参与方借助数字技术的功能缺陷为谋求自身利益而违反约定
	TR2 合作参与方利用数字技术侵犯合作伙伴的知识产权
	TR3 合作参与方借助数字技术向合作伙伴提出有悖协议的利益要求
替代性风险	SR1 合作参与方借助自身数字技术优势窃取合作伙伴的核心技术
	SR2 合作参与方利用数字技术优势来争夺合作主导权
	SR3 合作参与方通过数据操纵或数据垄断侵占合作伙伴利益

第二，编制调查问卷。根据初始量表我们利用前期完成珠三角地区地方政府产业规划项目的研究经历，在政府部门的协助下面向当地的国家级高新区、重点工业园区的制造企业发放 400 份调查问卷（纸质问卷与电子问卷各 200 份），回收有效问卷 260 份，有效回收率为 65.0%。借鉴 Churchill（1979）、Moore 和 Benbasat（1991）、叶竹馨和买忆媛（2018）的研究方法，将 260 份有效问卷随机平均分配为 A、B 两组，分别用于探索性因子分析与验证性因子分析。为了保证分组的科学性，我们对 A、B 两组问卷进行独立样本 T 检验，结果显示两组问卷在企业规模、企业年龄、企业性质等方面不存在显著差异（$p > 0.05$），表明这一分组方法是合理、有效的。合作风险量表的样本描述性

统计如表 7-2 所示。

表 7-2　合作风险量表的样本描述性统计

样本特征	类型	频次	比例
企业规模	<300 人	57	21.9%
	300～1000 人	128	49.2%
	>1000 人	75	28.8%
企业年龄	<10 年	32	12.3%
	10～20 年	142	54.6%
	>20 年	86	33.1%
所属行业	通用设备制造业	49	18.7%
	专用设备制造业	54	20.6%
	电气机械和器材制造业	52	20.0%
	计算机、通信和其他电子设备制造业	64	24.5%
	医药制造业	14	5.5%
	纺织服装、服饰业	15	5.8%
	其他	13	4.8%
企业性质	国有	41	13.2%
	民营	137	44.2%
	外资	82	26.5%

第三，探索性因子分析。对 A 组的 130 份调查问卷进行探索性因子分析，发现原发性风险、外延性风险、工具性风险、替代性风险 4 个变量的 Cronbach's α 系数均大于 0.8，CITC 指数均高于 0.5，表明量表的信度较好，且各测量题项删除后的 Cronbach's α 系数无显著提高，因此量表信度符合要求，无需剔除测量题项。量表的 KMO 值大于 0.8，Bartlett 球形度检验统计值显著异于 0（$p < 0.001$），表明量表适合进行因子分析。本研究使用主成分分析与最大方差旋转法，按照特征值大于 1 的标准提取公因子，在剔除因子载荷值小于 0.6 和跨因子载荷值超过 0.4 的测量题项后（删除"IR4 合作参与方顾忌信息泄露的安全风险而排斥深度合作""ER4 合作伙伴之间存在信息滥用的机会主义动机"2 个题项），共提取出 4 个公因子，剩余 12 个测量题项，结果如表 7-3 所示。

表 7-3　合作风险量表的探索性因子分析

测量题项	因子载荷			
	原发性风险	外延性风险	工具性风险	替代性风险
$IR1$	**0.871**	0.065	0.115	0.096
$IR2$	**0.842**	0.111	-0.070	0.146
$IR3$	**0.854**	0.156	0.057	0.133
$ER1$	0.112	**0.880**	0.124	0.090
$ER2$	0.155	**0.837**	0.170	0.136
$ER3$	0.083	**0.868**	0.131	0.227
$TR1$	0.142	0.178	**0.857**	0.196
$TR2$	0.007	0.109	**0.861**	0.230
$TR3$	-0.032	0.144	**0.865**	0.153
$SR1$	0.148	0.190	0.159	**0.840**
$SR2$	0.113	0.104	0.187	**0.880**
$SR3$	0.157	0.171	0.256	**0.777**

注：KMO 值 $=0.804$，Bartlett 球形度检验近似卡方值 $=830.754$（$p<0.001$），自由度 $=66$。

第四，验证性因子分析。对 B 组的 130 份调查问卷进行验证性因子分析（见表 7-4），结果表明，所有变量的 Cronbach's α 均大于 0.8、因子载荷均大于 0.6、组合信度（CR）均大于 0.7、平均方差萃取量（AVE）均大于 0.6，验证性因子分析模型的拟合指标为 $\chi^2/df=2.957$、$RMSEA=0.097$、$CFI=0.941$、$GFI=0.954$、$NFI=0.947$、$TLI=0.932$。以上数据表明，本研究所开发的合作风险量表具有较好的信度与效度，可用于开展正式调查。

表 7-4　合作风险量表的验证性因子分析

变量	测量题项	因子载荷	Cronbach's α	CR	AVE
原发性风险	$IR1$	0.799	0.835	0.836	0.629
	$IR2$	0.792			
	$IR3$	0.788			

变量	测量题项	因子载荷	Cronbach's α	CR	AVE
外延性风险	ER1	0.746	0.832	0.832	0.623
	ER2	0.810			
	ER3	0.810			
工具性风险	TR1	0.856	0.863	0.863	0.677
	TR2	0.795			
	TR3	0.816			
替代性风险	SR1	0.836	0.826	0.830	0.621
	SR2	0.829			
	SR3	0.690			

（2）契约治理

使用 Li 等（2009）、Poppo 和 Zenger（2002）的量表，从行为约束、权利义务、合作内容等方面，使用 3 个题项测量契约治理。

（3）关系治理

使用 Arranz 和 De Arroyabe（2012）的量表，围绕相互信任、信息共享、合作互动等内容，使用信任与关系规范两个角度共 5 个题项测量关系治理。

根据 Bouncken（2016）、Arranz 和 De Arroyabe（2012）、Zhang 和 Zhou（2013）、Huang 等（2014）的研究，用契约治理与关系治理的乘积项来表示协同治理。

（4）技术动荡性

根据 Jaworski 和 Kohli（1993）、Im 和 Workman（2004）等的研究，从技术变化速度、发展趋势、可预测性等方面，使用 4 个题项测量技术动荡性。

（5）控制变量

根据 Li 等（2009）、Poppo 和 Zenger（2002）、Arranz 和 De Arroyabe（2012）等的研究，将企业规模、企业年龄、所属行业、企业性质与环境动态性作为控制变量，重点考察契约治理与关系治理对开放式创新跨组织合作风险的抑制作用。其中，企业规模（1＝300 人以下，2＝300～1000 人，3＝1000 人以上）与企业年龄（1＝10 年以下，2＝10～20 年，3＝20 年以上）使用 3 级 Likert 量表度量，所属行业是以传统制造业作为参照组的 1 个二分类虚拟变量（0＝传统制造业，1＝高技术制造业），企业性质是以国有企业为参照组的 2 个三分类虚拟变量（10＝民营企业，01＝外资企业），环境动态性使用 Jansen 等（2006）的量表，从环境变化程度、用户需求变动等方面，使用 5 个题项测量。

综上所述，本研究的量表构成及信度分析如表 7－5 所示。

表 7－5　量表构成及信度分析

变量	测量题项	因子载荷
契约治理 Cronbach's α＝0.842 CR＝0.843 AVE＝0.641	1. 我们与合作伙伴的关系主要受书面契约的约束	0.829
	2. 我们与合作伙伴有明确规定双方义务和权利的正式协议	0.787
	3. 我们与合作伙伴的契约中清晰界定了合作中的重要事项	0.785
关系治理 Cronbach's α＝0.837 CR＝0.837 AVE＝0.507	1. 我们与合作伙伴公开沟通和共享信息、想法或倡议	0.717
	2. 我们与合作伙伴均致力于建立紧密的合作关系	0.732
	3. 我们与合作伙伴通过共同协商和讨论解决问题和冲突	0.690
	4. 我们相信合作伙伴的诚实行为	0.705
	5. 合作伙伴关心其他合作参与方的利益	0.717
原发性风险 Cronbach's α＝0.853 CR＝0.853 AVE＝0.659	1. 合作参与方不愿承担数据安全问题所导致的利益损失的责任	0.810
	2. 合作参与方在遇到数字技术造成的问题或冲突时会互相推诿	0.796
	3. 合作参与方由于忌惮数字技术带来的知识泄露而消极合作	0.829
外延性风险 Cronbach's α＝0.848 CR＝0.848 AVE＝0.650	1. 合作参与方担心利益受损而拒绝适应新的技术或情境	0.768
	2. 合作伙伴之间会由于数字鸿沟而产生目标分歧	0.832
	3. 合作伙伴之间会由于数字化能力与技术差距而降低资源投入	0.818

变量	测量题项	因子载荷
工具性风险 Cronbach's α=0.851 CR=0.850 AVE=0.655	1. 合作参与方借助数字技术的功能缺陷为谋求自身利益而违反约定	0.823
	2. 合作参与方利用数字技术侵犯合作伙伴的知识产权	0.795
	3. 合作参与方借助数字技术向合作伙伴提出有悖协议的利益要求	0.809
替代性风险 Cronbach's α=0.830 CR=0.832 AVE=0.624	1. 合作参与方借助自身数字技术优势窃取合作伙伴的核心技术	0.799
	2. 合作参与方利用数字技术优势来争夺合作主导权	0.829
	3. 合作参与方通过数据操纵或数据垄断侵占合作伙伴利益	0.739
技术动荡性 Cronbach's α=0.845 CR=0.846 AVE=0.578	1. 我们所在产业的技术变化日新月异	0.749
	2. 技术变革为我们提供了大量的发展机会	0.820
	3. 技术突破催生了一系列产品创新理念	0.729
	4. 我们无法准确判断所在产业的技术走向	0.741
环境动态性 Cronbach's α=0.849 CR=0.849 AVE=0.531	1. 环境变化激烈	0.671
	2. 用户不断寻求新的产品与服务	0.786
	3. 当地市场瞬息万变	0.682
	4. 市场的变化超乎想象	0.740
	5. 产品与服务交付数量快速变化	0.758

7.4　实证分析

7.4.1　信度、效度与共同方法偏差

由表 7-5 可知，主要变量的 Cronbach's α 系数与组合信度（CR）均大于 0.7，表明量表的信度较好；全部测量题项的标准化因子载荷均大于 0.6，主要变量的平均方差萃取量（AVE）均大于 0.5，表明量表具有较高的聚合效度。表 7-6 的因子载荷均大于 0.6、跨因子载荷均小于 0.4，表 7-7 的对角线

处 AVE 的平方根均大于其他变量相关系数的绝对值，表明变量之间具有较高的区分效度。以上指标说明，本研究所用研究数据的信度与效度较好。

根据 Podsakoff 等（2003）的建议，本研究采用 Harman 单因子检验方法评估可能存在的共同方法偏差问题。我们对全部测量题项进行主成分分析，在不进行因子旋转的情况下共提取出 8 个特征值大于 1 的公因子，累计方差解释率为 74.3%。第一个公因子的方差解释率为 22.7%，低于 40% 的判定值，表明共同方法偏差问题并不严重。

表 7-6　主要变量的主成分分析

测量题项	因子载荷							
	CG	RG	IR	ER	TR	SR	TT	ED
CG1	**0.823**	0.203	−0.123	−0.057	0.014	−0.098	0.171	0.008
CG2	**0.854**	0.139	−0.036	−0.074	−0.048	−0.003	0.147	0.047
CG3	**0.785**	0.219	−0.149	−0.169	0.052	−0.023	0.124	0.071
RG1	0.103	**0.720**	−0.089	−0.169	−0.017	−0.162	0.178	−0.003
RG2	0.164	**0.777**	−0.080	0.065	−0.068	−0.139	0.059	−0.016
RG3	0.104	**0.708**	−0.144	−0.160	−0.087	0.037	0.173	0.104
RG4	0.122	**0.744**	−0.069	−0.079	−0.053	−0.146	0.023	0.090
RG5	0.098	**0.745**	−0.108	−0.046	−0.097	−0.042	0.132	0.135
IR1	−0.135	−0.116	**0.848**	0.033	0.099	0.133	−0.019	−0.084
IR2	−0.105	−0.133	**0.845**	0.126	0.065	0.081	−0.077	−0.023
IR3	−0.049	−0.192	**0.819**	0.174	0.170	0.054	−0.025	−0.080
ER1	−0.103	−0.108	0.097	**0.823**	0.122	0.104	0.053	−0.004
ER2	−0.117	−0.164	0.128	**0.828**	0.104	0.143	0.038	−0.055
ER3	−0.062	−0.048	0.095	**0.839**	0.103	0.168	0.055	−0.123
TR1	−0.117	−0.147	0.134	0.173	**0.802**	0.195	0.100	−0.121
TR2	0.071	−0.065	0.093	0.071	**0.867**	0.157	−0.015	−0.111
TR3	0.050	−0.109	0.139	0.138	**0.759**	0.224	0.052	−0.273
SR1	0.004	−0.123	0.102	0.189	0.146	**0.810**	−0.037	−0.031
SR2	−0.059	−0.161	0.088	0.079	0.220	**0.825**	0.012	−0.026
SR3	−0.061	−0.115	0.073	0.141	0.137	**0.816**	0.003	0.017

测量题项	因子载荷							
	CG	*RG*	*IR*	*ER*	*TR*	*SR*	*TT*	*ED*
*TT*1	0.107	0.088	−0.088	0.005	0.073	−0.006	**0.805**	0.007
*TT*2	0.076	0.131	−0.064	−0.072	−0.040	−0.030	**0.845**	0.070
*TT*3	0.147	0.122	−0.004	0.086	0.051	−0.027	**0.783**	−0.014
*TT*4	0.078	0.129	0.036	0.118	0.017	0.042	**0.797**	0.059
*ED*1	0.067	0.154	0.065	−0.140	−0.068	0.010	−0.053	**0.782**
*ED*2	0.037	0.006	−0.020	−0.041	−0.195	0.073	0.049	**0.732**
*ED*3	0.047	0.098	−0.102	−0.074	−0.021	−0.067	0.035	**0.818**
*ED*4	−0.104	0.022	−0.079	0.024	−0.007	−0.057	0.103	**0.762**
*ED*5	0.091	0.016	−0.050	0.031	−0.144	−0.009	−0.012	**0.797**

注：*CG*＝契约治理，*RG*＝关系治理，*IR*＝原发性风险，*ER*＝外延性风险，*TR*＝工具性风险，*SR*＝替代性风险，*TT*＝技术动荡性，*ED*＝环境动态性。

表7-7 主要变量的均值、标准差与相关系数

变量	1	2	3	4	5	6	7	8	9	10	11	12	13	14
1. 企业规模	—													
2. 企业年龄	0.138*	—												
3. 所属行业	0.081	-0.009	—											
4. 民营企业	-0.140*	-0.116	-0.010	—										
5. 外资企业	0.171**	0.140*	-0.048	-0.727**	—									
6. 研发强度	0.058	0.178**	0.137*	0.010	-0.010	—								
7. 环境动态性	-0.007	-0.010	-0.099	0.073	-0.066	-0.020	0.729							
8. 契约治理	-0.001	0.209**	-0.033	0.077	-0.054	0.260**	0.142*	0.801						
9. 关系治理	-0.015	0.231**	-0.004	0.105	-0.078	0.227**	0.183**	0.424**	0.712					
10. 原发性风险	0.018	-0.171**	-0.041	-0.007	0.078	-0.010	-0.156*	-0.283**	-0.342**	0.812				
11. 外延性风险	-0.073	-0.147*	-0.003	-0.010	0.111	-0.098	-0.150*	-0.244**	-0.269**	0.303**	0.806			
12. 工具性风险	-0.119	-0.101	-0.014	0.012	0.051	-0.0150*	-0.313**	-0.052	-0.256**	0.319**	0.334**	0.809		
13. 替代性风险	-0.051	-0.190**	-0.097	-0.041	0.032	-0.124*	-0.077	-0.163**	-0.308**	0.270**	0.355**	0.438**	0.790	
14. 技术动荡性	-0.002	0.211**	0.002	-0.103	0.087	0.125*	0.077	0.354**	0.296**	-0.113	0.057	0.056	-0.033	0.760
均值	1.981	2.200	0.449	0.694	0.189	2.294	3.157	2.897	3.107	3.033	3.092	3.026	3.055	2.986
标准差	0.677	0.692	0.498	0.462	0.392	0.720	0.802	0.747	0.760	0.794	0.761	0.808	0.777	0.772

注：*、**分别表示 $p < 0.05$、$p < 0.01$，对角线为 AVE 的平方根。

7.4.2 直接效应分析

本研究使用层次回归分析检验变量之间的直接效应。在表 7-8 中，模型 1-1 是只包含控制变量的基础模型，模型 1-2 在模型 1-1 的基础上加入契约治理变量，结果表明契约治理与原发性风险之间存在显著的负相关关系（$b=-0.278$，$p<0.001$）；模型 1-3 在模型 1-1 的基础上加入关系治理变量，结果表明关系治理与原发性风险之间存在显著的负相关关系（$b=-0.330$，$p<0.001$）。以上结果表明契约治理与关系治理在彼此独立使用时均对原发性风险具有抑制作用。进一步地，本研究采用 Liu 等（2009）、Arranz 和 De Arroyabe（2012）的方法，比较契约治理与关系治理对原发性风险的作用差异。模型 1-4 相对于模型 1-2 的 ΔR^2 为 0.050、相对于模型 1-3 的 ΔR^2 为 0.023，前者大于后者，即关系治理对原发性风险的解释程度高于契约治理，表明关系治理对原发性风险的抑制作用大于契约治理，因此假设 H1a 得到验证。由模型 1-5 可知，契约治理与关系治理的乘积项，即协同治理与原发性风险之间存在显著的负相关关系（$b=-0.445$，$p<0.001$），表明契约治理与关系治理的联合使用对原发性风险具有抑制作用。模型 1-5 相对于模型 1-4 的 ΔR^2 为 0.082，大于模型 1-4 相对于模型 1-2 的 ΔR^2（0.050），即协同治理对原发性风险的解释程度高于关系治理。由以上分析可知，协同治理对原发性风险的抑制作用高于关系治理与契约治理，因此假设 H2a 得到验证。

表 7-8 协同治理与原发性风险的关系

变量	原发性风险				
	模型 1-1	模型 1-2	模型 1-3	模型 1-4	模型 1-5
企业规模	0.039	0.032	0.025	0.023	0.002
企业年龄	-0.221^{**}	-0.167^{*}	-0.142^{*}	-0.121	-0.145^{*}
所属行业	-0.089	-0.109	-0.092	-0.105	-0.154
民营企业	0.176	0.208	0.228	0.240	0.255
外资企业	0.325	0.318	0.313	0.310	0.233
研发强度	0.030	0.098	0.097	0.130	0.132^{*}
环境动态性	-0.158^{**}	-0.123^{*}	-0.102	-0.089	-0.070
契约治理		-0.278^{***}		-0.186^{**}	-0.172^{**}
关系治理			-0.330^{***}	-0.268^{***}	-0.248^{***}

续表

变量	原发性风险				
	模型1-1	模型1-2	模型1-3	模型1-4	模型1-5
契约治理×关系治理					−0.445***
R^2	0.072	0.132	0.159	0.182	0.264
ΔR^2	0.072	0.060	0.086	0.050/0.023	0.082
F值	2.862**	4.865***	6.029***	6.313***	9.125***

注：*、**、***分别表示$p<0.05$、$p<0.01$、$p<0.001$，模型1-4的ΔR^2为相对于模型1-2、模型1-3的变化量。

由表7-9的模型2-2、模型2-3与模型2-5可知，契约治理（$b=-0.202$，$p<0.01$）、关系治理（$b=-0.222$，$p<0.01$）以及协同治理（$b=-0.374$，$p<0.001$）均与外延性风险存在负相关关系。模型2-4相对于模型2-3的ΔR^2（0.023）大于模型2-4相对于模型2-2的ΔR^2（0.015），表明关系治理对外延性风险的抑制作用大于契约治理，因此假设H1b得到验证。模型2-5相对于模型2-4的ΔR^2（0.063）大于模型2-4相对于模型2-2的ΔR^2（0.023），表明协同治理对外延性风险的抑制作用大于关系治理。以上分析可知，假设H2b得到验证。

表7-9　协同治理与外延性风险的关系

变量	外延性风险				
	模型2-1	模型2-2	模型2-3	模型2-4	模型2-5
企业规模	−0.080	−0.085	−0.089	−0.091	−0.109
企业年龄	−0.157*	−0.118	−0.104	−0.088	−0.108
所属行业	0.016	0.001	0.013	0.003	−0.037
民营企业	0.253	0.276	0.288*	0.296*	0.309*
外资企业	0.475**	0.469**	0.467**	0.464**	0.400*
研发强度	−0.076	−0.026	−0.030	−0.005	−0.003
环境动态性	−0.140*	−0.114*	−0.102	−0.092	−0.076
契约治理		−0.202**		−0.142*	−0.131*
关系治理			−0.222**	−0.174*	−0.157*

续表

变量	外延性风险				
	模型 2－1	模型 2－2	模型 2－3	模型 2－4	模型 2－5
契约治理× 关系治理					−0.374***
R^2	0.081	0.115	0.123	0.138	0.201
ΔR^2	0.081	0.034	0.042	0.023/0.015	0.063
F 值	3.232**	4.164***	4.489***	4.539***	6.385***

注：*、**、*** 分别表示 $p<0.05$、$p<0.01$、$p<0.001$，模型 2－4 的 ΔR^2 为相对于模型 2－2、模型 2－3 的变化量。

表 7－10 的模型 3－3、模型 3－5 与模型 3－2 表明，关系治理（$b=-0.190$，$p<0.01$）以及协同治理（$b=-0.382$，$p<0.001$）均与工具性风险之间存在显著的负相关关系，但契约治理（$b=0.052$，$p>0.05$）与工具性风险之间的相关关系不显著，可知关系治理对外延性风险的抑制作用大于契约治理，因此假设 H1c 得到验证。模型 3－5 相对于模型 3－4 的 ΔR^2（0.058）大于模型 3－4 相对于模型 3－2 的 ΔR^2（0.037），表明协同治理对工具性风险的抑制作用大于关系治理。可见，协同治理对工具性风险的抑制作用高于关系治理与契约治理，假设 H2c 得到验证。

表 7－10 协同治理与工具性风险的关系

变量	工具性风险				
	模型 3－1	模型 3－2	模型 3－3	模型 3－4	模型 3－5
企业规模	−0.132	−0.131	−0.141*	−0.139*	−0.157*
企业年龄	−0.084	−0.094	−0.039	−0.054	−0.075
所属行业	−0.017	−0.013	−0.019	−0.010	−0.052
民营企业	0.202	0.196	0.232	0.223	0.236
外资企业	0.292	0.294	0.285	0.287	0.221
研发强度	−0.151*	−0.164*	−0.113	−0.136*	−0.134*
环境动态性	−0.320***	−0.326***	−0.287***	−0.297***	−0.280***
契约治理		0.052		0.132	0.144*
关系治理			−0.190**	−0.234**	−0.217**

续表

变量	工具性风险				
	模型 3—1	模型 3—2	模型 3—3	模型 3—4	模型 3—5
契约治理×关系治理					-0.382^{***}
R^2	0.149	0.151	0.176	0.188	0.246
ΔR^2	0.149	0.002	0.027	0.037/0.011	0.058
F 值	6.414^{***}	5.679^{***}	6.839^{***}	6.540^{***}	8.280^{***}

注：*、**、*** 分别表示 $p<0.05$、$p<0.01$、$p<0.001$，模型 3—4 的 ΔR^2 为相对于模型 3—2、模型 3—3 的变化量。

表 7—11 的模型 4—3、模型 4—5 与模型 4—2 表明，关系治理（$b=-0.270$，$p<0.001$）以及协同治理（$b=-0.404$，$p<0.001$）均与替代性风险之间存在显著的负相关关系，但契约治理（$b=-0.109$，$p>0.05$）与替代性风险之间的相关关系不显著，可知关系治理对替代性风险的抑制作用大于契约治理，假设 H1d 得到验证。模型 4—5 相对于模型 4—4 的 ΔR^2（0.071）大于模型 4—4 相对于模型 4—2 的 ΔR^2（0.051），表明协同治理对替代性风险的抑制作用大于关系治理。由以上分析可知，协同治理对替代性风险的抑制作用高于关系治理与契约治理，假设 H2d 得到验证。

表 7—11 协同治理与替代性风险的关系

变量	替代性风险				
	模型 4—1	模型 4—2	模型 4—3	模型 4—4	模型 4—5
企业规模	-0.027	-0.030	-0.039	-0.039	-0.058
企业年龄	-0.204^{**}	-0.183^{*}	-0.140^{*}	-0.138	-0.159^{*}
所属行业	-0.147	-0.155	-0.150	-0.151	-0.195^{*}
民营企业	-0.081	-0.068	-0.039	-0.037	-0.024
外资企业	0.031	0.028	0.021	0.020	-0.050
研发强度	-0.084	-0.058	-0.029	-0.026	-0.024
环境动态性	-0.083	-0.069	-0.037	-0.036	-0.018
契约治理		-0.109		-0.018	-0.005
关系治理			-0.270^{***}	-0.264^{***}	-0.246^{***}

变量	替代性风险				
	模型 4-1	模型 4-2	模型 4-3	模型 4-4	模型 4-5
契约治理× 关系治理					-0.404***
R^2	0.064	0.073	0.124	0.124	0.195
ΔR^2	0.064	0.010	0.060	0.051/0.001	0.071
F 值	2.498*	2.528*	4.521***	4.011***	3.099***

注:*、**、***分别表示 $p<0.05$、$p<0.01$、$p<0.001$,模型 4-4 的 ΔR^2 为相对于模型 4-2、模型 4-3 的变化量。

7.4.3　调节效应分析

表 7-12 呈现了技术动荡性的调节效应。由模型 5-2 可知,契约治理、关系治理与技术动荡性三者之间的乘积项($b=-0.371$,$p<0.001$)与原发性风险之间存在显著的负相关关系,表明技术动荡性负向调节协同治理与原发性风险之间的关系,假设 H3a 得到验证。由模型 5-4 可知,契约治理、关系治理与技术动荡性三者之间的乘积项($b=-0.398$,$p<0.001$)与外延性风险之间存在显著的负相关关系,表明技术动荡性负向调节协同治理与外延性风险之间的关系,假设 H3b 得到验证。同理,由模型 5-6 与模型 5-8 可知,技术动荡性负向调节协同治理与工具性风险以及协同治理与替代性风险之间的关系,假设 H3c 与 H3d 得到验证。

表 7-12 技术动荡性的调节效应

变量	原发性风险		外延性风险		工具性风险		替代性风险	
	模型 5-1	模型 5-2	模型 5-3	模型 5-4	模型 5-5	模型 5-6	模型 5-7	模型 5-8
企业规模	0.039	-0.008	-0.080	-0.110	-0.132	-0.164*	-0.027	-0.066
企业年龄	-0.221**	-0.147*	-0.157*	-0.129*	-0.084	-0.090	-0.204**	-0.167*
所属行业	-0.089	-0.134	0.016	-0.017	-0.017	-0.026	-0.147	-0.173
民营企业	0.176	0.267*	0.253	0.356**	0.202	0.275*	0.081	0.000
外资企业	0.325	0.211	0.475**	0.375*	0.292	0.191	0.031	-0.075
研发强度	0.030	0.137*	-0.076	0.002	-0.151*	-0.128*	-0.084	-0.019
环境动态性	-0.158**	-0.071	-0.140*	-0.082	-0.320***	-0.285***	-0.083	-0.021
契约治理		-0.106		-0.110		0.197*		0.057
关系治理		-0.204**		-0.141*		-0.180*		-0.204**
技术动荡性		0.056		0.237***		0.191**		0.115
契约治理×关系治理		-0.389***		-0.280**		-0.286***		-0.329***
契约治理×关系治理×技术动荡性		-0.371***		-0.398***		-0.488***		-0.429***
R^2	0.072	0.299	0.081	0.272	0.149	0.315	0.064	0.246
ΔR^2	0.072	0.227	0.081	0.191	0.149	0.167	0.064	0.182
F 值	2.862**	8.964***	3.232**	7.845***	6.414***	9.674***	2.498*	6.845**

注：*、**、*** 分别表示 $p<0.05$，$p<0.01$，$p<0.001$。

7.5 结论与讨论

本研究针对数字经济下开放式创新价值共创中合作风险的治理问题，基于交易成本与关系交换理论，构建了"治理策略—合作风险"的概念模型，分析了契约治理与关系治理两类治理策略彼此独立以及联合使用对合作风险的影响机理，并在此基础上讨论了技术动荡性的调节效应。经过假设推演、问卷设计、回归分析等步骤，本研究验证了开放式创新的不同治理策略对合作风险的抑制作用（假设检验结果见表 7-13），得到以下研究结论：

表 7-13　假设检验结果

假设	检验结果
H1a　关系治理对原发性风险的抑制作用大于契约治理	支持
H1b　关系治理对外延性风险的抑制作用大于契约治理	支持
H1c　关系治理对工具性风险的抑制作用大于契约治理	支持
H1d　关系治理对替代性风险的抑制作用大于契约治理	支持
H2a　协同治理对原发性风险的抑制作用大于单一治理	支持
H2b　协同治理对外延性风险的抑制作用大于单一治理	支持
H2c　协同治理对工具性风险的抑制作用大于单一治理	支持
H2d　协同治理对替代性风险的抑制作用大于单一治理	支持
H3a　技术动荡性负向调节协同治理与原发性风险之间的关系	支持
H3b　技术动荡性负向调节协同治理与外延性风险之间的关系	支持
H3c　技术动荡性负向调节协同治理与工具性风险之间的关系	支持
H3d　技术动荡性负向调节协同治理与替代性风险之间的关系	支持

第一，契约治理与关系治理是抑制开放式创新跨组织合作风险的两个重要手段，但作用效果存在显著差异。在二者彼此独立使用时，关系治理较契约治理可以更好地避免合作风险的发生。具体而言，关系治理对原发性、外延性、工具性与替代性等 4 种合作风险均表现出较好的抑制作用；契约治理有助于避免原发性与外延性风险的发生，但对于工具性与替代性风险的抑制作用则缺乏统计学意义的证据支撑。从个体的行为动机出发，契约治理仅对"被动"式机会主义行为所诱发的合作风险具有较好的抑制作用，对于"主动"式机会主义

行为所关联的合作风险则控制乏力，这也验证了契约治理作为"事前控制"手段所固有的制度缺陷。

第二，联合使用契约治理与关系治理（即协同治理）对开放式创新跨组织合作风险的抑制作用大于契约治理与关系治理的彼此独立使用。本研究发现，契约治理与关系治理可以相互补充，在实施开放式创新时便考虑将二者联合使用，可以更好地遏制价值共创中合作风险的出现。关系治理可以弥补"不完全契约"的缺陷，在跨组织合作过程形成"事后控制"，通过相互信任、关系规范等产生的"自我履约"效应激励与约束个体行为，既有助于强化协议、法律等契约治理手段的控制力度，也弥补了契约治理中的"未尽事宜"所导致的监督漏洞。因此，在开放式创新跨组织合作过程，协同治理有助于控制个体的机会主义行为，激发组织间知识转移，减少监督与协调等方面不必要的成本投入，通过建立紧密的合作关系促进组织间的价值共创。

第三，技术动荡性负向调节协同治理与合作风险之间的关系。数字经济下，新技术的不断涌现开创了一系列新的应用场景与商业形态，为企业创造机遇的同时也发出了严峻挑战。为适应数字经济的市场环境，企业不但要迎合技术发展趋势，通过持续的组织学习与创新管理来保持竞争优势，而且要积极开展跨组织合作来抓住技术变革所带来的商业机会。身处于高度技术动荡性的环境之中，企业与合作伙伴只有更加紧密地互动才能在合作中取长补短、共同抵御外部挑战。在此情景下，开放式创新的不同创新主体会主动利用协同治理来激励或控制彼此的合作行为，遏制跨组织合作中的显性风险与隐性风险，通过建立稳固的利益共同体来实现多方共赢。因此，技术动荡性越大，协同治理对合作风险的抑制作用越强。

第 8 章　开放式创新价值共创机制与
协同治理的组态构型

本研究的第 7 章通过实证分析检验了以契约治理与关系治理为构成的协同治理策略对开放式创新跨组织合作风险的抑制作用，为推动数字经济下开放式创新的顺利实施提供理论支持。然而，同样作为促进开放式创新的重要手段，价值共创机制与协同治理之间的互动关系尚缺乏深入探讨。本章基于多因素组态视角，以变量之间的多重交互关系为线索，利用中国制造企业的调查数据与模糊集定性比较分析（fsQCA）方法，分析协同治理与价值共创机制之间的多样化组合，探索有助于提升开放式创新绩效的前因条件组态。首先，遵循"行为—绩效"的研究范式，构建价值共创机制与协同治理的交互效应影响开放式创新绩效的理论框架。其次，通过文献梳理、量表选择与专家访谈等步骤编制调查问卷，采用随机抽样方法面向中国制造企业收集研究数据。最后，使用fsQCA方法探索提升开放式创新绩效的前因条件组态，从而为企业在数字经济下的创新管理与战略决策提供管理启示。

8.1　问题提出

随着大数据、云计算与人工智能等数字技术与实体经济的深度融合，人类社会进入了以数字经济为引擎的全新发展阶段。数字经济以数字化、网络化与智能化为核心要义，正以前所未有的态势改变市场竞争与价值创造的底层逻辑，对企业的技术创新、运营管理与商业模式产生深远影响。数字经济时代，不断普及的数字技术正在拓展企业的行为边界、打破行业原有的进入壁垒，使"连接式共生"成为企业适应市场竞争的生存法则（梅亮等，2021），推动技术创新范式由封闭式创新转向开放式创新（Nambisan等，2018）。数字技术的出现与广泛应用为开放式创新提供了广阔的发展空间，越来越多的企业通过数字技术重构知识管理、资源编排与价值创造，为组织间的知识转移与价值共创开辟多样化的应用场景，一系列新产品、新服务与新业态应运而生。然而，数字技术在激活开放式创新、打开企业边界的同时，也对维护紧密的合作关系提出了更高的要求，如何在价值共创中妥善治理个体合作行为由此成为开放式创新研究有待探讨的重要问题。

数字技术不但推动商业模式、产业结构与经济社会运行方式的重大改变，也在颠覆既有的制度规则与个体行为模式，带来算法合谋、信息茧房、数据垄断等诸多问题，成为数字经济下治理研究领域关注的新议题。例如，王婧怡（2023）认为，算法是人工智能、大数据分析等数字技术的核心要素，算法管理制度不健全、行业自律机制缺失、技术人员伦理风险意识不足是诱发算法歧视、数据滥用等问题的重要原因；张耘堂（2023）指出，数字技术在经济社会生活中的渗透带来了数字生产关系的垄断与竞争、数字技术的无限制个性化与有规制使用、数字鸿沟与数字包容等一系列新矛盾；吴欣桐和张思（2023）对数字平台企业的案例研究发现，用户差异性会在数字技术应用过程中加剧数字鸿沟问题，需要数字平台企业建立包容性价值主张，在以市场与社会逻辑为核心的价值主张之间不断进行动态转化，通过个体间的价值共创与共享来缓解数字鸿沟的影响；管兵（2023）指出，数字经济下治理个体行为的有效性和持续性依赖于合理界定多种边界关系，包括公与私的边界、有效技术治理的边界、资源投入与收益平衡的边界、科层体制与技术协同的边界等；赵宏霞等（2023）对数字平台生态系统的研究表明，平台生态嵌入对参与者企业数字创新绩效具有正向影响，而且受到数据治理能力的正向调节；邹德建等（2023）认为，数字化赋能科技资源的整合与共享是提高科技资源配置效率、加快科技创新的核心路径，并在此基础上提出了科技资源整合与共享的数字治理路径；李国昊等（2023）借助复杂网络的演化博弈方法分析数字平台企业的"算法黑箱"问题，发现数字平台企业数量规模增大会使政府监管和惩罚作用降低，优化算法成本以及披露算法的风险是影响数字平台企业算法透明度的重要因素；焦豪和杨季枫（2022）分析了数字技术开源社区的治理问题，发现数字技术开源社区围绕数据驱动创新场景进行差异化布局可以实现开发人员的分布式协作，达成控制式参与和开放式参与的平衡；杨亚倩等（2023）以数字平台为研究对象，运用多案例研究方法，发现契约治理、关系治理及其交互作用通过促进平台企业与平台内其他主体的资源交换，进而推动企业对市场机会的识别与开发；孙永磊等（2023）从关系互动、知识能力和行为规范等角度总结了数字创新生态系统的演化方向，并从关系、知识、惯例等维度提出了数字创新生态系统的治理策略。

由以上研究进展可知，数字经济下的治理研究尚处于起步阶段，多数文献来自公共管理领域，讨论数字技术应用对反垄断、社会治理与政府治理的影响（王婧怡，2023；张耘堂，2023；管兵，2023），仅有少数研究关注创新管理领域的治理问题（焦豪和杨季枫，2022；孙永磊等，2023），对于开放式创新情境下的跨组织合作治理缺乏有针对性的研究成果。事实上，数字经济在改变人类社会生活的同时，也在深刻变革经济系统运行的底层逻辑。企业作为构成经济系统的微观主体，它们的决策、行为与价值主张也将伴随数字经济的发展而产生同步改变。围绕数字经济的新问题与新现象，探讨有助于企业开放式创新的驱动因素，不但可以从微观层面揭示数字经济的基本规律，而且能够为技术创新范式的迭代升级提供理论指导。Chesbrough（2003）、Lichtenthaler 和 Lichtenthaler（2009）、West 和 Boger（2014）等学者指出，开放式创新是多元创新主体围绕知识转移而共同开展的价值创造活动，有效的价值共创机制与紧密的合作关系是提升开放式创新绩效的关键。根据上述研究，本研究认为选择适宜的治理策略是解决数字经济下创新治理问题的本质所在，灵活利用治理策略与价值共创机制是改善开放式创新绩效的重要手段。因此，本研究将在前序章节的基础上，按照"行为—绩效"的研究范式，采用模糊集定性比较分析方法（fsQCA）构建价值共创机制（联合计划、联合求解与跨界融通）与协同治理策略（契约治理与关系治理）的交互效应影响开放式创新绩效的理论框架，探讨有助于提升开放式创新绩效的前因条件组态，从而为数字经济下开放式创新活动的繁荣发展与治理提供理论支持。

8.2 研究框架

8.2.1 价值共创机制与开放式创新绩效

本研究在第 4 章与第 5 章通过案例分析、回归分析等方法，提炼出企业在开放式创新中与合作伙伴开展价值共创的三种机制，即联合计划、联合求解与跨界融通。本研究认为，开放式创新的价值共创机制是企业与用户、供应商、学研机构等合作伙伴之间以知识转移为纽带，通过开放式协作与交互学习而开展的有利于开放式创新实现多方共赢的跨组织合作手段。具体而言，联合计划是企业与合作伙伴共同制订产品研发、技术创新与市场需求预测等计划，按照统一行动来实施开放式创新的机制；联合求解指企业与合作伙伴共同解决开放式创新中的研发、运营与成果转化等难题；跨界融通指企业与来自不同行业、不同领域的创新主体开展多样化的价值创造。

数字技术的广泛应用拉近了企业与合作伙伴之间的距离，提高了组织间的沟通效率。在价值共创机制的作用下，企业可以充分利用海量数据资源与合作伙伴共同预测市场环境变化、了解用户需求的变化趋势；为产品研发与成果转化制订更加准确可行的行动计划，提高对多样化用户需求的响应速度，更快地应对市场环境变化，更灵活地调整战略决策，最终使企业在开放式创新中收获更大的创新收益（张宝建等，2021；成琼文和赵艺璇，2021）。企业与合作伙伴之间的价值共创机制有助于强化开放式创新中的知识基础，令企业能够获取并整合来自不同创新主体的创意、技术与经验等专业知识，促进开放式创新向深度与广度两个方向的同步发展，以此扩大企业的利润来源（戴亦舒等，2018；Xie 和 Wang，2020）。对于技术创新过程普遍存在的不确定性，价值共创机制则有利于组织间协调资源、技术与战略决策，为产品研发、技术攻关制定更为清晰的实施方案，以此降低技术创新过程的不确定性，提高开放式创新项目的成功率（Huang 等，2018；Randhawa 等，2021）。开放式创新需要企业与不同类型的创新主体开展知识转移，在合作中寻求多方共赢（Ahlfänger 等，2022）。相反，对于那些欠缺价值共创机制的合作关系而言，企业与合作伙伴之间的互动将变得更加单一而有限，在资源投入与价值创造中缺乏统一计划，造成资源冗余或投入不足等问题，延缓信息流动与知识转移效率，使企业与合作伙伴的开放式创新停滞在彼此封闭的合作状态之下而难以获得实质性的效率改进。因此，建立价值共创机制对提升企业开放式创新绩效具有正向影响。

8.2.2 协同治理与开放式创新绩效

本研究在第 7 章将协同治理界定为契约治理与关系治理两种类型的治理策略，讨论了二者之间的互补关系对开放式创新合作风险的抑制作用。其中，契约治理指通过制定正式的契约、规则与制度来界定合作参与方的权责关系、利益分配与履约程序等合作细则，以此约束个体的机会主义与利己行为，从而降低合作过程中的不确定性与潜在风险的治理策略（Poppo 和 Zenger，2002；Liu 等，2009；Bouncken 等，2016）。关系治理是以信任、关系规范为核心，通过嵌入在组织间的社会规范、惯例与行为准则形成持续的合作互动与信息交流，从而控制个体合作行为的手段（MacNeil，1974；Zhou 和 Xu，2012；

Bouncken 等，2016）。

本研究认为契约治理与关系治理对数字经济下的开放式创新绩效具有正向影响。

一方面，契约治理有利于缓解企业与合作伙伴的产权纠纷及利益冲突。开放式创新需要持续的知识转移与专用性资产投入（Wu 等，2017；苏中锋，2019），如果不能有效界定合作参与方之间的权责关系与合作规则，就容易在产品研发、成果转化等价值创造过程诱发个体的机会主义与利己行为，降低合作效率，破坏合作关系，甚至导致价值共毁（Bouncken 等，2016；Thomas 和 Patrick，2017）。契约治理可以在组建合作关系时制定明晰的合作条款，界定企业与合作伙伴之间的成本分担、产权归属与利益分配等合作细节，为开放式创新搭建一个系统性的合作框架，从源头上遏制合作参与方的机会主义动机，避免组织间由于不同程度的专用性资产投入与个体贡献而引发的利益冲突，进而在严格的合作协议中保障开放式创新的顺利实施。

另一方面，关系治理有助于增加企业与合作伙伴的相互信任，弥合目标分歧与利益冲突。由于非对称信息的存在，企业在签订合作契约时可能无法充分了解合作伙伴真实的合作动机与创新能力，为合作中的机会主义与利己行为埋下隐患（Paswan 等，2017；Ju 和 Gao，2017）。关系治理将提升合作参与方之间的信任水平，通过互惠、团结、集体行动等关系规范消除组织间的非对称信息，进而促进企业与合作伙伴在高效的合作互动中实施开放式创新。关系治理不但弥补了个体的资源与能力局限，激励合作过程的资金、技术等专用性资产投入（吴东等，2019；彭珍珍等，2020），而且节省了监督、控制等关联的交易成本，通过持续的知识转移与资源耦合更加充分地发挥跨组织合作的协同效应（Zhong 等，2017；Dyer 等，2018）。此外，关系治理还会在组织间建立共同愿景与相互依存的长期合作预期，增加个体滥用资源与能力优势的机会成本，使资源投入与收益分配在集体行动中公正、有序地执行（Liu 等，2017），从而对开放式创新绩效产生正向影响。

综上所述，本研究基于"行为—绩效"的研究范式，构建如图 8-1 所示的理论框架，通过考察价值共创机制与协同治理之间的交互作用，探究有助于提升企业开放式创新绩效的前因条件组态。

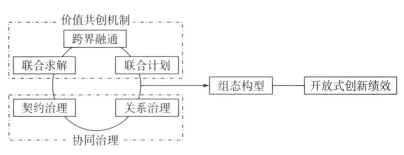

图 8-1　理论框架

8.3　研究设计

8.3.1　研究方法选择

　　经济全球化、技术进步与多样化用户需求的持续演化，导致企业管理问题的复杂性不断攀升，亟待研究方法的与时俱进。传统的实证分析方法关注变量与结果之间的简单线性关系，难以考察多种因素共同作用下的复杂管理现象，其对现实世界的解释能力在不断下降。在此背景下，定性比较分析方法（qualitative comparative analysis，QCA）集成了定性分析与定量分析的优势，致力于从系统论视角探究多种前因条件组合与管理现象之间的因果关系，受到越来越多学者的青睐。QCA 方法基于组态（组合）比较原则，将管理现象的产生看作现实中各种条件组态的触发结果，在确定所要解释的特定结果与条件的基础上，分析条件组态与结果之间的"充分"及"必要"关系，适合回答"哪些条件组态可以导致期望结果的出现""哪些条件组态不会导致期望结果的出现"等问题（Fiss，2011；Ragin，2014）。QCA 方法改变了传统定量分析中"单个条件对结果产生独立影响"的思想，提出"并发因果关系"的假设，认为一个给定的条件组态也许并不是产生某个特定结果的唯一途径，其他组态可能也会产生同样结果。QCA 方法按照变量类型可分为 csQCA（清晰集定性比较分析）、mvQCA（多值集定性比较分析）以及 fsQCA（模糊集定性比较分析）三种。其中，csQCA 与 mvQCA 适合处理二分类变量与多分类变量；fsQCA 以逻辑运算为基础，通过 0 与 1 之间的隶属度表示因果条件发生的可能性，是应用最为广泛的一种研究方法（杜运周和贾良定，2017）。

　　本研究将使用 fsQCA 方法探索实现高（低）开放式创新绩效的前因条件，

原因在于：第一，开放式创新绩效是多因素交互作用的结果，传统的线性回归分析专注于探索某个变量的"净效应"，难以评估两个以上的变量对因变量的影响，而 fsQCA 方法有助于分析多变量之间的交互对特定现象的联合效应；第二，在动态的市场环境中，具有不同资源基础与能力的企业所面对的合作伙伴可能千差万别，能够提高开放式创新绩效的前因条件也多种多样，但传统的线性回归分析只能给出单一结论，难以回应现实中的复杂管理现象；第三，传统的线性回归分析只能处理变量之间的对称关系，fsQCA 方法允许并且能够很好地处理非对称的因果关系。

8.3.2　样本与数据收集

fsQCA 方法既可使用小样本的案例访谈数据，也适用于大样本的调查数据（Ragin，2014；杜运周和贾良定，2017）。为了得到具有普适性的研究结论，我们利用大样本的调查数据，分析价值共创机制与协同治理的组态构型对企业开放式创新绩效的影响。

本章与第 5 章的研究数据均由同一份调查问卷收集得到①。我们与管理咨询公司合作，面向广东、江苏、浙江、湖北、湖南、四川、陕西、辽宁等省份的制造企业，采用随机抽样方法发放 400 份调查问卷，回收有效问卷 265 份，调查问卷的有效回收率为 66.3％。在有效问卷中，55.1％的企业来自传统制造业（通用及专用设备制造业、电气机械和器材制造业、金属制品业、医药制造、纺织服装等），44.9％的企业来自高技术制造业（电子及通信设备制造业、计算机及办公设备制造业、医疗仪器设备及仪器仪表制造业等）；在企业的地理分布上，东部地区（广东、江苏、浙江）占 37.0％，中部地区（湖北、湖南）占 26.4％，西部地区（四川、陕西）占 25.3％，东北地区（辽宁）占 11.3％；企业规模（员工数量）在 300 人以下的小型企业占 23.8％，300～1000 人的中型企业占 54.3％，1000 人以上的大型企业占 21.9％；企业年龄（成立时间）小于 10 年的占 15.8％，10～20 年的占 48.3％，20 年以上的占 35.9％；在企业性质方面，国有企业占 11.7％，民营企业占 69.4％，外资企业占 18.9％；研发强度（研发投入/营业收入）小于 3％的占 15.5％，4％～5％的占 39.6％，大于 5％的占 44.9％。

---

① 问卷设计、样本选择与数据收集过程详见 5.3.1 节。

8.3.3 变量测量

本研究选用已有文献中的成熟量表测量研究框架的相关变量。主要变量的测量题项均使用 5 级 Likert 量表度量（1 表示"完全不同意"，5 表示"完全同意"），量表构成及信度分析如表 8-1 所示。

表 8-1　量表构成及信度分析

变量	测量题项	因子载荷
契约治理 Cronbach's α=0.842 CR=0.843 AVE=0.641	1. 我们与合作伙伴的关系主要受书面契约的约束	0.829
	2. 我们与合作伙伴有明确规定双方义务和权利的正式协议	0.787
	3. 我们与合作伙伴的契约中清晰界定了合作中的重要事项	0.785
关系治理 Cronbach's α=0.837 CR=0.837 AVE=0.507	1. 我们与合作伙伴公开沟通和共享信息、想法或倡议	0.717
	2. 我们与合作伙伴均致力于建立紧密的合作关系	0.732
	3. 我们与合作伙伴通过共同协商和讨论解决问题和冲突	0.690
	4. 我们相信合作伙伴的诚实行为	0.705
	5. 合作伙伴关心其他合作参与方的利益	0.717
联合求解 Cronbach's α=0.860 CR=0.860 AVE=0.607	1. 与合作伙伴共同预测市场需求	0.771
	2. 与合作伙伴共同制订产品计划	0.790
	3. 与合作伙伴交流产品前景评估信息	0.773
	4. 与合作伙伴共同商议产品类型与数量	0.781
联合计划 Cronbach's α=0.862 CR=0.862 AVE=0.610	1. 企业与合作伙伴会主动为彼此提供帮助	0.747
	2. 企业与合作伙伴共同开展技术创新攻关	0.777
	3. 企业与合作伙伴共担风险责任	0.823
	4. 企业与合作伙伴共享彼此的知识基础	0.776
跨界融通 Cronbach's α=0.828 CR=0.829 AVE=0.618	1. 企业与合作伙伴保持紧密沟通互动	0.743
	2. 企业与外部主体开展多领域互联互通	0.826
	3. 企业与合作伙伴开展全方位全链条合作	0.788

144

变量	测量题项	因子载荷
开放式创新绩效 Cronbach's $\alpha=0.883$ $CR=0.883$ $AVE=0.603$	1. 企业新产品数量显著增加	0.767
	2. 企业提高了新产品开发速度	0.775
	3. 企业创新项目成功率显著提升	0.771
	4. 企业专利申请量显著增加	0.804
	5. 企业新产品销售额不断上升	0.764

（1）价值共创机制

联合求解、联合计划使用 Claro D. P. 和 Claro P. B. O.（2010）、朱勤等（2019）的量表，各采用 4 个测量题项。其中，联合求解包括"与合作伙伴共同预测市场需求""与合作伙伴共同制订产品计划""与合作伙伴共同商议产品类型与数量"等 4 个测量题项，联合计划包括"企业与合作伙伴会主动为彼此提供帮助""企业与合作伙伴共担风险责任""企业与合作伙伴共享彼此的知识基础"等 4 个测量题项。跨界融通参考 O'cass 等（2014）、唐源等（2020）的研究，使用"企业与合作伙伴保持紧密沟通互动""企业与外部主体开展多领域互联互通""企业与合作伙伴开展全方位全链条合作"3 个测量题项。

（2）协同治理

契约治理使用 Li 等（2009）、Poppo 和 Zenger（2002）的量表，包括行为约束、权利义务、合作内容等方面共 3 个测量题项。关系治理使用 Arranz 和 De Arroyabe（2012）的量表，围绕相互信任、信息共享、合作互动等内容，包括信任与关系规范两个角度共 5 个测量题项。

（3）开放式创新绩效

开放式创新绩效使用 Huang 等（2018）的量表，包括新产品数量、新产品开发速度、创新项目成功率、专利申请量、新产品销售额占总销售额的比例共 5 个测量题项，由高层管理人员评价其所在企业实施开放式创新的绩效。

8.3.4　信度、效度与共同方法偏差

由表 8-1 可见，各变量的 Cronbach's α 系数与组合信度（CR）均大于 0.7，表明量表的信度较好；全部测量题项的标准化因子载荷均大于 0.6，各

变量的平均方差萃取量（AVE）均大于 0.5，表明量表具有较高的聚合效度。表 8－2 的因子载荷均大于 0.6、跨因子载荷均小于 0.4，表 8－3 的对角线处 AVE 的平方根均大于其他变量相关系数的绝对值，表明变量之间具有较高的区分效度。以上指标说明，本研究所用研究数据的信度与效度较好。

表 8－2　主要变量的主成分分析

测量题项	因子载荷					
	JP	JS	CC	CG	RG	OIP
JP1	**0.803**	0.045	0.119	0.044	0.151	0.157
JP2	**0.808**	0.042	−0.007	0.099	0.085	0.187
JP3	**0.794**	0.085	0.043	0.136	0.131	0.175
JP4	**0.831**	0.085	0.090	0.031	0.116	0.047
JS1	0.078	**0.794**	0.021	0.133	0.157	0.188
JS2	0.055	**0.827**	0.103	0.165	0.061	0.148
JS3	0.049	**0.788**	0.201	0.084	0.139	0.098
JS4	0.079	**0.813**	0.068	0.057	0.041	0.124
CC1	0.056	0.125	**0.819**	0.096	0.169	0.154
CC2	0.095	0.135	**0.832**	0.115	0.083	0.163
CC3	0.075	0.094	**0.803**	0.082	0.140	0.159
CG1	0.059	0.174	0.124	**0.831**	0.214	0.049
CG2	0.171	0.102	0.074	**0.836**	0.124	0.108
CG3	0.067	0.148	0.112	**0.793**	0.203	0.182
RG1	0.175	0.132	0.136	0.104	**0.724**	0.098
RG2	0.044	−0.040	0.063	0.158	**0.774**	0.168
RG3	0.123	0.190	0.033	0.120	**0.716**	0.103
RG4	0.096	−0.005	0.160	0.103	**0.728**	0.183
RG5	0.097	0.157	0.076	0.096	**0.754**	0.091
OIP1	0.079	0.228	0.200	0.030	0.102	**0.761**
OIP2	0.214	0.093	0.121	0.115	0.166	**0.777**
OIP3	0.091	0.094	0.101	0.084	0.168	**0.787**
OIP4	0.131	0.102	0.095	0.094	0.045	**0.807**

续表

测量题项	因子载荷					
	JP	JS	CC	CG	RG	OIP
OIP5	0.146	0.136	0.085	0.084	0.223	**0.758**

注：CC＝跨界融通，JP＝联合计划，JS＝联合求解，CG＝契约治理，RG＝关系治理，OIP＝开放式创新绩效。

表 8-3　主要变量的均值、标准差与相关系数

类别	1	2	3	4	5	6
1. 联合计划	0.779					
2. 联合求解	0.215**	0.781				
3. 跨界融通	0.227**	0.313**	0.786			
4. 契约治理	0.302**	0.372**	0.297**	0.801		
5. 关系治理	0.328**	0.292**	0.331**	0.424**	0.712	
6. 开放式创新绩效	0.371**	0.368**	0.382**	0.335**	0.389**	0.777
均值	3.162	3.122	3.017	2.897	3.107	3.149
标准差	0.761	0.821	0.828	0.747	0.760	0.881

本研究使用 Podsakoff 等（2003）建议的 Harman 单因子检验方法评估共同方法偏差（common method variance）。结果表明，在不进行因子旋转的情况下，主成分分析共提取出 6 个特征值大于 1 的公因子，累计方差解释率为 69.9%。第一个公因子的方差解释率为 30.9%，低于 40% 的判定值，表明本研究的共同方法偏差问题并不严重。

8.3.5　数据校准

本研究的前因条件变量（价值共创机制与协同治理）与结果变量（开放式创新绩效）均使用 5 级 Likert 量表，以调查对象自我评价的方式度量，其评分可能受到调查对象主观意愿的影响，因此我们采用直接转换法对所有变量实施校准。本研究根据 Fiss（2011）的建议，采用直接校准法，对变量使用的 5 级 Likert 量表设置 3 个校准点（5＝完全隶属点、3＝交叉点、1＝完全不隶属点），并借助 fsQCA 3.0 软件，将变量得分转换为 0~1 之间的模糊隶属度。由于软件对隶属度为 0.5 的数据不纳入真值表分析，我们按照 Fiss（2011）的做

法，将该数据上调 0.001。

8.4 实证分析

8.4.1 必要性分析

在开展 fsQCA 分析之前，需要对数据进行必要性分析，即检验前因条件变量是否构成结果变量的必要条件。必要条件指结果出现时必须存在的条件，但它的存在却未必导致结果的出现，一般通过一致性指标进行判断。由表 8—4 可知，所有前因条件变量的一致性均小于 0.9，因此单个前因条件变量（联合计划、联合求解、跨界融通、契约治理、关系治理）均不构成结果变量（开放式创新绩效）的必要条件，表明单个前因条件变量对于结果变量的解释较弱，有必要进一步开展组态分析，探索产生高开放式创新绩效的前因条件构型。

表 8—4 必要性分析结果

变量	高开放式创新绩效	
	一致性	覆盖度
联合计划	0.657	0.751
~联合计划	0.545	0.413
联合求解	0.775	0.747
~联合求解	0.486	0.478
跨界融通	0.753	0.734
~跨界融通	0.568	0.468
契约治理	0.767	0.767
~契约治理	0.456	0.344
关系治理	0.769	0.768
~关系治理	0.451	0.345

注：~表示逻辑运算的结果为"非"。

8.4.2　组态分析

组态分析的目的是发现多个前因条件构成的不同组合是不是某一结果的充分条件。本研究采用 fsQCA 方法识别能够产生高开放式创新绩效的前因条件组态构型。在分析过程中，我们根据 Fiss（2011）的建议，将样本案例频数阈值设置为 1、一致性阈值设置为 0.8、PRI 值设置为 0.7，经计算得到复杂解、简单解与中间解。我们将同时出现在简单解与中间解中的条件视为对开放式创新绩效产生重要影响的核心条件，将仅出现在中间解中的条件视为对开放式创新绩效产生次要影响的辅助条件。通过构建真值表，本研究最终得到 4 种实现高开放式创新绩效的前因条件组态（见表 8-5），总体一致性为 0.952，各条件组态的一致性均高于 0.75，总体覆盖度为 0.873（高于 0.5），具有较强的解释力度。按照核心条件的不同，将 4 种组态构型分别命名为敏捷共创型（组态 H1）、技术突破性（组态 H2）、关系嵌入型（组态 H3）以及常规合作型（组态 H4）。

表 8-5　组态分析结果

前因条件	高开放式创新绩效			
	组态 H1	组态 H2	组态 H3	组态 H4
联合计划	●		●	●
联合求解	●	●	●	⊗
跨界融通	●	●		
契约治理			●	●
关系治理	●	●	●	
原始覆盖度	0.832	0.743	0.512	0.511
单一覆盖度	0.062	0.018	0.012	0.012
一致性	0.962	0.974	0.965	0.966
总体覆盖度	0.873			
总体一致性	0.952			

注：●表示核心条件存在，●表示边缘条件存在，⊗表示核心条件缺失。

（1）敏捷共创型

组态 H1 表明，以关系治理、跨界融通为核心条件，联合计划与联合求解为边缘条件的前因条件组合能够产生高开放式创新绩效。该组态的一致性为0.962，原始覆盖度为0.832，单一覆盖度为0.062，能够解释83.2%的高开放式创新绩效案例。组态H1的核心条件体现了关系治理与跨界融通的作用，加之联合计划与联合求解两个边缘条件，涵盖了全部价值共创机制，既彰显了关系治理对于建立稳固合作关系的重要作用，也反映了跨界合作、共同解决问题等价值共创机制对高开放式创新绩效的正向影响，因此本研究将其定义为敏捷共创型前因条件组态。这意味着，企业可以通过跨界融通机制与来自不同领域、不同专业的创新主体灵活而广泛地开展价值共创，借助关系治理与外部创新主体建立紧密的合作关系，最终提高开放式创新绩效。敏捷共创型代表了大多数企业在数字经济下实施开放式创新的基本特征。在数字经济下，依靠企业自身资源与能力的封闭式创新已无法适应新时代的竞争节奏，跨专业、跨行业的开放式创新成为技术创新的主流范式，对市场环境变化的应变能力越强、与更多的外部创新主体开展价值共创是提高开放式创新绩效的必由之路。

（2）技术突破型

组态H2表明，以联合求解为核心条件，以关系治理与跨界融通为边缘条件的前因条件组合能够产生高开放式创新绩效。该组态的一致性为0.974，原始覆盖度为0.743，单一覆盖度为0.018，能够解释74.3%的高开放式创新绩效案例。组态H2的核心条件凸显了联合求解对开放式创新的重要作用，以跨界融通、关系治理两个边缘条件为支撑，表现了解决问题、突破瓶颈、战胜困难与挑战对实现高水平开放式创新绩效的正向影响，因此本研究将其定义为技术突破型前因条件组态。实践中，对于那些希望挣脱自身资源与能力束缚，旨在通过开放式创新来实现关键核心技术突破的企业而言，联合求解机制可为它们解决技术创新难题指明实践路径，跨界融通与关系治理则可为企业与来自不同专业、不同领域的合作伙伴开展技术创新提供保障，使企业可以在广阔的合作空间、围绕某一关键核心技术形成重大突破，以此提升开放式创新绩效。

（3）关系嵌入型

组态H3表明，以关系治理与联合计划为核心条件，以契约治理与联合求解为边缘条件的前因条件组合能够产生高开放式创新绩效。该组态的一致性为0.965，原始覆盖度为0.512，单一覆盖度为0.012，可以解释51.2%的高开放式创新绩效案例。组态H3的核心条件集中于联合计划与关系治理，体现了企业与合作伙伴维护稳固的合作关系，共享战略规划、共同预测市场与用户需求在开放式创新中的重要作用。同时，契约治理与联合求解作为边缘条件，为开放式创新过程的重大决策、合作规则与权责关系等提供保障手段。这些特征与战略联盟的创新管理高度契合，因此本研究将组态 H3 定义为关系嵌入型前因条件。组态 H3 强调了关系治理与联合计划在开放式创新中的重要作用，由于联合计划往往面向企业顶层战略的规划与决策，所以组态 H3 更适用于以战略联盟的形式实施开放式创新。其中，关系治理会增进企业与合作伙伴的相互信任与利益绑定，深化联盟成员之间的关系嵌入，进而支撑开放式创新的可持续性。

（4）常规合作型

组态 H4 表明，以契约治理为核心条件，以联合计划、跨界融通以及非联合求解为边缘条件的前因条件组合有助于实现高开放式创新绩效。该组态的一致性为 0.966，原始覆盖度为 0.511，单一覆盖度为 0.012，可以解释 51.1% 的高开放式创新绩效案例。不同于其他组态，组态 H4 以契约治理为核心条件，重视联合计划与跨界融通机制的支撑作用，但没有强调联合求解对开放式创新的影响。可见，组态 H4 借助契约治理来维护合作关系，不涉及高难度、复杂性的技术突破，因此可认为这种组态是一种具有普遍意义、以开发企业内外部知识的商业价值为目的的开放式创新活动。根据上述特征，本研究将组态 H4 定义为常规合作型前因条件，进而指代以扩大创新收益为目的、对资源与技术投入没有严苛要求、任何企业均可实施的常规性开放式创新活动。

8.4.3　稳健性验证

为了提高研究结论的普适性，本研究对研究数据进行稳健性验证。目前，fsQCA 方法的稳健性验证主要有三种手段，即更换数据校准锚点、调整样本案例频数以及提高一致性阈值等（李振东等，2023；辛本禄和穆思宇，2023）。本研究采用提高样本案例频数与一致性阈值的方法对高开放式创新绩效的前因条件组态进行了稳健性验证。我们将样本案例频数阈值上调为 2，一致性阈值上调为 0.82，PRI 值上调为 0.72，结果表明，企业高开放式创新绩效的前因条件组态没有发生改变。进一步地，我们将一致性阈值上调为 0.85，PRI 值上调为 0.75，结果表明高开放式创新绩效的前因条件组态与参数调整前相似，一致性、覆盖度均未发生显著变化。因此，可认为研究结论的稳健性较好。

8.5 结论与讨论

数字经济时代，开放式创新已成为企业技术创新的主流范式，建立紧密的合作关系，激励企业与合作伙伴的价值共创是提高开放式创新绩效的应有之义。本研究遵循"行为—绩效"的研究范式，利用中国制造企业的调查数据与fsQCA方法，讨论了组织间的价值共创机制（联合计划、联合求解与跨界融通）与协同治理（契约治理与关系治理）的不同组态效应与高水平开放式创新绩效之间的因果路径，提炼出敏捷共创型、技术突破型、关系嵌入型与常规合作型等四种组态模式，从而拓展了开放式创新的前因条件，主要研究结论如下：

第一，对于致力于不断扩大合作范围，与多领域、跨行业的外部主体开展开放式创新的企业而言，敏捷共创型的前因条件组态是获得高水平开放式创新绩效的充分条件。在此组态情境下，企业通过关系治理与跨界融通机制与多样化创新主体开展广泛合作，通过联合计划与联合求解机制促进企业在动态的市场环境中灵活地实施开放式创新。

第二，对于专注在技术创新过程取得重大突破的企业而言，以联合求解为核心条件，以关系治理与跨界融通为边缘条件的技术突破型前因条件组态是提升开放式创新绩效的重要手段。

第三，针对战略联盟、产学研合作等跨组织合作模式，关系嵌入型前因条件组态有利于提升企业开放式创新绩效。在此组态情境下，组织间的关系治理与联合计划是驱动开放式创新绩效的核心条件，契约治理与联合求解共同构成了高水平开放式创新绩效的边缘条件。

第四，针对大多数一般意义的、没有特殊需求的开放式创新活动，企业可以借助契约治理、联合计划与跨界融通机制与合作伙伴开展合作创新，通过开发内外部知识的商业价值来提高开放式创新绩效。

第9章 结论与展望

数字经济时代,组织间的连接方式、资源配置与合作模式均发生了根本性改变,促进开放式创新取代封闭式创新成为企业实施技术创新的主导范式。数字经济的深入发展不但增进了企业与外界的互联互通,激活了组织间的知识转移与价值创造,而且为企业整合与利用内外部知识、扩大创新收益提供了丰富的实践途径,使开放式创新成为塑造并维持企业竞争优势的重要战略活动。然而,数字经济为企业技术创新注入动力源泉的同时,也在诱发算法歧视、数据操纵与信息滥用等新型机会主义行为,产生知识泄露、产权纠纷、利益冲突与拒绝适应等跨组织合作风险,并成为制约开放式创新实践的主要障碍。在此背景下,本研究从数字赋能与知识转移的二元视角,探究有助于开放式创新的价值共创机制,分析开放式创新过程中跨组织合作风险的表现与成因,通过实证研究考察治理合作风险并提升开放式创新绩效的实践路径,进而为数字经济下企业开放式创新的战略决策以及政府出台相关的创新政策提供理论支持。

9.1 主要研究结论

9.1.1 数字经济赋能开放式创新的作用机理

本研究基于知识基础观、价值共创、动态能力等理论,构建了"数字化能力—价值共创机制—开放式创新绩效"的概念模型,借助典型案例分析与265家中国制造企业的调查数据,从数字化能力视角检验了数字经济赋能开放式创新的作用机理。研究发现:第一,数字化能力对企业开放式创新绩效具有正向促进作用。数字化能力是一种由数字感知、数字分析与数字创新组成的"高阶能力",能够帮助企业洞察外部环境变化、识别市场中的机会与威胁、提升内外部资源配置效率,通过数字技术的深度应用赋能开放式创新活动,从而使企

153

业在产品研发、技术突破与市场份额等方面取得绩效改善。第二，数字化能力与组织间的价值共创存在正向联系。价值共创是企业在数字经济时代参与市场竞争的重要手段，数字化能力使企业的价值共创更加灵活多样，促进企业与合作伙伴共同创造并为用户提供更有价值的产品或服务。第三，数字化能力通过价值共创的中介路径赋能开放式创新。数字化能力能够扩大企业与外界的连接与互动，促进企业与来自不同行业的创新主体开展全方位、多领域的知识转移，激励组织间共担风险、共同决策，通过合作研发与交互学习等方式解决技术创新或经营管理问题，对改善开放式创新绩效产生正向影响。

9.1.2　数字经济下开放式创新的价值共创机制

本研究采用多案例分析方法，通过深度访谈与实地调研等手段收集研究数据，经过开放式编码、主轴编码、选择性编码的步骤，提炼数字经济下开放式创新的价值共创机制，并通过实证分析检验价值共创机制对开放式创新绩效的影响效应。本研究认为，开放式创新的价值共创是企业与用户、供应商、学研机构等合作伙伴之间以知识转移为纽带，通过开放式协作与交互学习而开展的有利于开放式创新实现多方共赢的跨组织合作手段，包括跨界融通、联合计划与联合求解三种机制。跨界融通指有助于打破行业、领域与主体之间的沟通屏障（即多领域融合互动），促进知识在更大范围内的转移与扩散（即知识畅通流动），从而提高价值创造效率的机制。联合计划指企业与合作伙伴共同制订计划（如产品研发计划、技术创新方案与市场需求计划等）使各方的创新活动保持高度一致，从而促进开放式创新价值创造的机制。联合求解指组织间通过交互学习来共同解决产品研发、技术攻关、成果转化等难题，进而提升开放式创新过程的知识转移。

9.1.3　数字经济下开放式创新合作风险的表现

本研究基于交易成本理论的"行为—环境"研究范式，通过典型案例分析与大样本调查，提炼出原发性、外延性、工具性与替代性等四种开放式创新的合作风险，并借助交易成本与技术可供性理论，进一步分析合作风险的生成原因。研究发现：第一，数字技术在促进开放式创新价值共创的同时，也在诱发新的跨组织合作问题。随着合作时间的延续，价值共创中的原有问题与新问题不断耦合迭代，使数字经济下开放式创新的合作风险呈现出技术路径多变、参与主体多元、利益关系复杂、不确定性与模糊性叠加等特征。第二，从个体行为与技术环境两个维度出发，数字经济下开放式创新的合作风险呈现出原发性、外延性、工具性与替代性四种表现。在低复杂性技术应用环境下，开放式创新使用更多的是一些基础、简易、通用的数字技术，合作参与方可能会借助数字技术固有的功能缺陷及不可控因素，主动违背合作契约或利用现有合作契约的漏洞来实施机会主义与利己行为，从而诱发工具性风险及原发性风险。在高复杂性技术应用环境下，一些合作参与方将借助自身的数字技术优势，通过数据垄断或算法歧视等手段谋求自身利益最大化，导致替代性风险与外延性风险的出现。第三，数字经济下开放式创新的合作风险尽管源自数字技术应用所带来的负面影响，但在本质上依然根植于组织间合作互动所产生的摩擦、冲突与对抗，企业与合作伙伴的有限理性、机会主义、资产专用性以及不同创新主体对数字技术功能的认知差异是诱发跨组织合作风险的主要原因。

9.1.4 协同治理对开放式创新合作风险的抑制作用

本研究针对数字经济下开放式创新合作风险的治理问题，基于交易成本与关系交换理论，构建"治理策略—合作风险"的概念模型，分析了契约治理与关系治理两类治理策略彼此独立以及联合使用对合作风险的影响，并在此基础上讨论了技术动荡性的调节效应。研究发现：第一，契约治理与关系治理是抑制开放式创新合作风险的两个重要手段，但作用效果存在显著差异。在二者彼此独立使用时，关系治理较契约治理可以更好地抑制合作风险的发生。具体而言，关系治理对原发性、外延性、工具性与替代性等四种合作风险均表现出较好的抑制作用；契约治理有助于避免原发性与外延性风险的发生，但对于工具性与替代性风险的抑制作用并不显著。第二，协同治理（即联合使用契约治理与关系治理）对开放式创新合作风险的抑制作用大于契约治理与关系治理的彼此独立使用。契约治理与关系治理可以相互补充，在实施开放式创新时便考虑将二者联合使用，将会更好地遏制价值共创中合作风险的出现。第三，技术动荡性负向调节协同治理与合作风险之间的关系。身处于高度技术动荡性的环境之中，企业与合作伙伴只有更加紧密地互动才能在合作中取长补短、共同抵御外部挑战。在此情景下，开放式创新的不同创新主体会主动利用协同治理来监督或控制彼此的合作行为，遏制价值共创中的显性与隐性合作风险，通过建立稳固的利益共同体来实现多方共赢。

9.1.5 数字经济下提升开放式创新绩效的前因条件

数字经济时代，开放式创新已成为企业技术创新的主流范式，建立紧密的合作关系，激励企业与合作伙伴的价值共创是提高开放式创新绩效的应有之义。本研究利用中国制造企业的调查数据与 fsQCA 方法，讨论了组织间的价值共创机制（联合计划、联合求解与跨界融通）与协同治理（契约治理与关系治理）的不同组态效应与高水平开放式创新绩效之间的因果路径，提炼出敏捷共创型、技术突破型、关系嵌入型与常规合作型等四种组态模式，从而拓展了开放式创新的前因条件。研究发现：第一，对于致力于不断扩大合作范围，与多领域、跨行业的外部主体开展开放式创新的企业而言，敏捷共创型的前因条件组态是获得高水平开放式创新绩效的充分条件。在此组态情境下，企业通过关系治理与跨界融通机制与多样化创新主体开展广泛合作，通过联合计划与联合求解机制促进企业在动态的市场环境中灵活地实施开放式创新。第二，对于专注于在技术创新过程取得重大突破的企业而言，以联合求解为核心条件，以关系治理与跨界融通为边缘条件的技术突破型前因条件组态是提升开放式创新绩效的重要手段。第三，针对战略联盟、产学研合作等跨组织合作模式，关系嵌入型前因条件组态有利于提升企业开放式创新绩效。在此组态情境下，组织间的关系治理与联合计划是驱动开放式创新绩效的核心条件，契约治理与联合求解共同构成了高水平开放式创新绩效的边缘条件。第四，针对大多数一般意义的、没有特殊需求的开放式创新活动，企业可以借助契约治理、联合计划与跨界融通机制与合作伙伴开展合作创新，通过开发内外部知识的商业价值来提高开放式创新绩效。

9.2 理论贡献

9.2.1 关注数字经济赋能，拓展开放式创新的理论体系

目前，数字经济已成为驱动人类经济社会发展的新动能。在理论上，大数据、云计算与人工智能等数字技术的深入应用极大地促进了创新思维、技术与方法的传播与扩散，推动企业与用户、供应商、学研机构、中介组织等创新主体之间的连接与互动，为开放式创新的实践普及创造了广阔的发展空间。然而，数字经济也在实践中对开放式创新的顺利实施提出了更高要求，企业如何在互联互通的环境下平衡知识转移与知识保护、协调不同创新主体之间的目标分歧与利益诉求、解决组织间的冲突与对抗，成为创新管理领域有待探讨的重要问题。已有文献主要从数字技术应用的表象层面讨论数字经济对开放式创新的影响（Urbinati 等，2020；金珺等，2020；Wu 等，2021），不但研究结论

存在较大分歧，而且无法有效刻画数字经济作为一种全新的经济形态如何在价值创造的本质上改变企业技术创新的底层逻辑。鉴于此，本研究按照"赋能—合作—治理"的逻辑线索构建理论研究框架，从数字赋能与知识转移的二元视角，考察数字经济下企业开放式创新的价值共创机制，揭示数字经济赋能开放式创新的作用机理，不但为企业与合作伙伴之间的价值共创与协同治理提供决策参考，而且以数字经济赋能为切入点拓展了开放式创新的理论体系。

9.2.2 立足新的研究情境，促进协同治理的理论建构

选择适宜的治理策略解决跨组织合作风险一直以来都是创新管理研究领域关注的重要问题。既有文献主要探讨了传统经济活动中契约治理与关系治理等协同治理策略对企业知识获取、资源共享与创新绩效的影响（Lui 和 Ngo，2014；Krishnan 等，2016；李晓冬和王龙伟，2016），对数字经济下开放式创新的新问题与新现象的研究尚处于起步阶段。在前期研究中，学者们集中分析了数字经济的算法歧视、数据操纵与信息滥用等新型机会主义行为所诱发的知识泄露、技术锁定、利润萎缩、控制权丢失等合作风险（张蕴萍和栾菁，2021；李韬和冯贺霞，2023；刘天语等，2023），但对产生上述风险的内在原因缺乏深入探讨，采用何种手段治理开放式创新的跨组织合作风险尚缺少实质性的对策建议。本研究通过典型案例与大样本调查，不仅探讨了数字经济下开放式创新合作风险的主要表现与生成原因，而且实证检验了契约治理、关系治理等协同治理策略对抑制合作风险、维护长期而稳定合作关系的积极作用。本研究的主要结论不仅证实了契约治理与关系治理之间的互补关系，发现联合使用上述治理策略将产生协同效应，在行为动机的源头上抑制个体的机会主义与利己行为、减少监督与协调等过程的成本投入、激励组织间知识转移与价值共创，进而通过建立紧密的合作关系提升开放式创新绩效。因此，本研究不但丰富了开放式创新的实证研究成果，而且从数字经济情境促进协同治理的理论建构。

9.2.3 聚焦企业价值创造，夯实知识基础观的理论内核

知识基础观将企业视为一个知识管理系统，认为知识是创造与维持企业竞争优势的关键资源，强调知识的管理与应用在企业生存与发展中的核心作用。随着开放式创新实践的普及，知识基础观的研究重点从早期关注单个企业的知识管理与创新活动转向跨组织合作中的知识转移与价值创造。近年来，数字技术的深度应用为开放式创新提供了广阔的应用场景，在促进组织间知识转移的

同时，使知识基础观的研究内容与数字经济时代的新问题与新现象全面接轨，一系列研究成果正在推动知识基础观理论体系的不断完善。在此背景下，本研究从数字赋能与知识转移的二元视角，考察了数字经济下企业开放式创新的价值共创机制，讨论了开放式创新过程的跨组织合作风险及其治理策略，主要研究结论不但有助于厘清数字经济下提高企业开放式创新绩效的前因条件，而且从数字赋能视角进一步阐释了企业作为知识管理系统所具有的独特功能。一方面，本研究检验了数字经济赋能、组织间的价值创造与开放式创新绩效之间的互动关系，为开启数字经济下开放式创新价值共创的理论"黑箱"提供经验证据，在研究内容上促进数字经济与创新管理两个研究领域的融合发展。另一方面，本研究对价值共创机制与协同治理组态效应的考察，不但为企业在数字经济下分类实施开放式创新提供解决思路，而且扩大了开放式创新前因条件的来源范畴，从而拓展了知识基础观的研究情境。因此，本研究聚焦数字经济下企业开放式创新的价值创造，为知识基础观的理论发展创造边际贡献。

9.3 管理启示

数字经济的蓬勃发展为企业开放式创新带来众多商业机会与战略选择，本研究通过考察数字经济赋能开放式创新的作用机理与协同治理策略，为企业创新管理与政府的创新政策制定提供以下管理启示：

第一，企业高层管理人员要建立数字经济时代的战略思维，在数字经济的发展中积极实施开放式创新。数字经济时代，数据成为关键生产要素，企业通过收集、分析与利用海量的数据资源驱动战略决策、技术创新与运营管理，使网络化、平台化与智能化成为推动企业生存与发展的新型组织形态，促进企业的价值主张、生产方式与商业模式的全方位变革。高层管理人员作为企业战略制定者与管理实践的先行者，要主动建立数字经济时代的战略思维，指导企业快速融入数字经济的实践浪潮，为深入实施开放式创新做好思想、战略与行动的多重准备。在工业经济时代，企业战略思维遵循静态环境观，关注如何在既定的市场环境中搜寻、占有与利用稀缺资源，通过准确的市场定位来构筑竞争优势。数字经济时代，连接共生成为市场主体之间连接与互动的基本形态，企业之间的竞争关系逐渐被竞争与合作并存的竞合关系取代（梅亮等，2021）。为适应这一变化趋势，企业高层管理人员需要率先建立基于竞合关系的战略思维，带动员工、部门直至整个企业完成适应数字经济的根本性改变。具体而言，在管理理念上，高层管理人员要深刻理解数字经济时代的竞争规律，掌握数字技术的基本功能与应用领域，以开放、积极的态度指导企业与用户、供应商、零售商、学研机构、中介组织甚至竞争对手建立合作关系，借助数字技术提升企业运作与供应链管理的运营效率，降低成本，突出比较优势，在数字经济的竞合关系中开发商业机会，以此拓宽开放式创新的实践领域；在制度建设上，高层管理人员要制定有利于数字化转型、激励员工数字素养提升的管理制度，通过组建数字中心、智能制造中心等专业化的职能部门统筹企业的数字基础设施建设与数字化转型，培育数字经济时代的企业文化，鼓励员工顺应时代变化、积极学习数字化技能、培养数字经济时代的胜任能力；在战略规划上，高层管理人员要制定详细的数字战略规划，按照"基础构建—应用拓展—战略转型"的进阶顺序落实数字战略，在基础建构阶段将企业的战略重心集中在数字基础设施建设上并实现价值创造过程的可视化，在应用拓展阶段将工作集中在数据分析、生产监控、用户响应等关键业务流程的智能化改造上，在战略转型阶段则聚焦技术创新与用户需求的紧密互动，加大研发投入，提高用户体验，促进企业与外部创新主体开展全方位、多领域的开放式创新。

第二，企业要构建跨界整合能力，提高开放式创新过程的价值共创效率。数字经济促进企业与外部创新主体的互联互通，加速各类创新资源的快速流动，企业与来自不同领域的创新主体开展广泛合作，不但可以增进组织间的资源互补，而且为拓展企业利润空间创造多种实践途径。在此背景下，构建集成不同领域创新资源的跨界整合能力便成为企业实施开放式创新、提高价值共创效率的必由之路。在数字经济下，跨界整合不仅包括传统的人财物资源，还涉及海量的数据资源，对各类资源的高效整合与利用是支撑企业价值创造与价值获取的重要手段。在资源流动方向上，数字经济促进了用户需求与企业价值主张的双向互动，推动组织间的资源流动从传统的"端对端"方式转变为网络化传播与扩散，深刻改变价值创造的资源基础与来源范畴。为建立跨界整合能力，企业需要制定清晰的战略规划与愿景，以数字基础设施建设或数字化转型为契机，打通组织内部阻碍资源流动的人财物壁垒，消除部门、团队之间的信息孤岛，利用数字技术整合内部数据、技术与资金等创新资源，并将其应用到主营业务的开放式创新过程。企业借助数字技术建立数字创新生态系统，通过资源编排将系统中的创新资源集成到企业价值创造过程，在与外部创新主体的互动与合作中优化配置系统中的创新资源，为开放式创新的顺利实施提供充足的资源基础。此外，企业还可以在开放式创新中探索新的合作模式、开拓产品与服务的应用场景、丰富创新资源的使用领域，使企业有机会嵌入其他创新主体的价值共创活动之中，促进跨界合作的灵活性与多样性，为产品研发、加工制造、市场营销等价值共创活动的深层次合作制订系统而明确的合作计划，从而激发各方专业知识与创新资源的充分整合。

第三，企业要灵活使用协同治理策略，促进开放式创新绩效的持续改进。由于个体有限理性、非对称信息与不确定性的共同影响，开放式创新过程中不可避免地存在机会主义与利己行为，选择适宜的治理策略是抑制跨组织合作风险、提高开放式创新绩效的基本前提。企业除了通过数字技术实现与外界的互联互通之外，还要与用户、供应商、零售商与学研机构等外部创新主体建立紧密的合作关系，灵活使用契约治理与关系治理等协同治理策略与合作伙伴深化合作共识、树立共同愿景。借助契约治理明确与合作伙伴之间的权责关系、资源投入与收益分配等合作细节，弥合目标分歧、协调利益冲突。将关系规范、集体行动与联合制裁等关系治理策略与区块链、物联网等数字技术相结合，增进企业与合作伙伴之间的相互信任与合作互动，抑制个体的机会主义与利己行为，进而在互利互惠的合作关系中促进知识转移与价值共创。在建立开放式创新的合作关系时，企业要综合考虑潜在合作伙伴的能力与合作动机，结合自身的战略目标与规划，权衡资源投入与利益回报，与具有相似价值主张、共同合作意愿的外部创新主体建立合作关系，通过持续的信息交换降低组织间的非对称信息，在充分协商与相互信任的基础上讨论合作中的权责关系与履约程序，从而在合作关系建立时从源头上遏制个体的机会主义动机并最大限度地避免"不完全契约"的制度漏洞。在开放式创新的实施过程，企业可以借助信息沟通、集体行动与互利互惠等关系治理策略来加深组织间的相互理解与合作共识，从合作关系的内在规则与外在行为两个方面提升价值共创的凝聚力，通过专利许可、业务外包、技术转让等形式促进组织间的知识转移，从而在多方共赢的氛围下提升企业开放式创新绩效。

第四，政府要完善创新政策体系，促进开放式创新实践的深入发展与普及。在建设创新型国家的战略引领下，政府要进一步营造有利于开放式创新的政策环境，为企业、用户、供应商、学研机构与中介组织之间的合作创新提供政策支持。一方面，各级政府要理顺政企关系，支持企业在市场经济中的核心主体地位，引导企业塑造数字战略思维，提升员工数字技能和数据管理能力，通过资金扶持、财政补贴等方式鼓励企业研发设计、生产加工、经营管理、销售服务等业务的数字化转型；支持有条件的大型企业打造数字平台或数字创新生态系统，强化全流程数据贯通，加快全价值链业务协同，形成数据驱动的智能决策能力，提升企业整体运行效率和产业链上下游协同效率；支持中小企业从数字化转型的关键环节入手，加快推进线上营销、远程协作、数字化办公、智能生产线等应用，由点及面向全业务全流程数字化转型延伸拓展；鼓励平台企业、行业领军企业等立足自身优势，开放数字化资源和能力，建立有利于大中小企业全面发展的融通创新体制机制。另一方面，政府职能部门要充分研判数字经济的发展趋势与特征，立足不同产业特点和差异化需求，通过政策扶持来推动各个产业实现全方位、全链条数字化转型，提高全要素生产率；完善研发费用、税收优惠等方面的普惠性政策，建立技术创新市场导向机制，促进各类创新要素向企业集聚，形成以企业为主体、市场为导向、产学研用深度融合的技术创新体系；实行严格的知识产权保护制度，完善知识产权相关法律法规，加快数字经济领域的知识产权立法，加强知识产权司法保护和行政执法，健全仲裁、调解、公证和维权援助体系，健全知识产权侵权惩罚性赔偿制度，实施更加开放包容、互惠共享的国际科技合作战略，更加主动地融入全球创新网络。

9.4 局限与展望

首先，本研究的回归分析通过问卷调查向中国制造企业收集研究数据，这种基于横截面数据的研究方法仅能反映变量之间的相关关系，无法检验变量之间的因果路径，研究结论的普遍意义也可能受到调查对象的行业背景、地理分布与区位经济环境的多重影响。因此，为提高研究结论的普适性，后续研究可以考虑增加不同产业的研究样本，使用时间序列数据考察变量之间的因果关系。此外，本研究的问卷调查中有关企业创新绩效与经营现状的题项使用调查对象自我报告的方式收集研究数据，可能无法客观、全面地反映企业开放式创新的真实情况。未来研究可以采用调查对象自评与客观财务数据相结合的方法，更为真实地反映企业经营管理的整体表现，从而提高研究结论的科学性与客观性。

其次，本研究通过实证分析发现开放式创新的价值共创机制在数字化能力与创新绩效之间的部分中介效应，说明价值共创机制不是唯一的中介变量。实践中，企业的开放式创新绩效不但与组织间知识转移与价值共创有关，还会受到合作开放程度（深度开放式创新与广度开放式创新）、技术创新类型（如探索式创新与利用式创新）以及知识吸收能力等因素的影响。因此，为了更为全面地反映数字经济赋能开放式创新的作用机理，后续研究可将合作开放程度、技术创新类型与知识吸收能力等作为中介变量，分析数字化能力影响开放式创新绩效的中介机制，从而深化对数字经济下开放式创新基本原理的认识。

再次，本研究基于交易成本理论的"行为—环境"的研究范式，使用案例分析方法，从个体行为与技术环境两个维度提炼数字经济下开放式创新的合作风险。尽管在分析过程中考虑了数字技术应用与个体行为动机的交互作用，但仍然无法全面刻画开放式创新的主体多元性、边界开放性与资源流动性等普遍特征，所提炼的合作风险可能难以客观反映开放式创新的真实面貌。因此，后续研究可从组织异质性、技术多样性与合作周期性等视角，选择来自不同产业的典型企业案例，进一步提炼数字经济下开放式创新跨组织合作风险的主要类型。

最后，本研究采用案例分析与实证分析相结合的研究方法探索数字经济赋能、开放式创新价值共创以及跨组织协同治理之间的互动关系。虽然案例分析与实证分析可以有效整合定性研究与定量研究的优势、弥补单一研究方法的理论缺陷，但对于一些关键科学问题的分析仍存在理论深度有限、研究视角单一等问题（如协同治理策略选择、数字经济赋能效果等）。因此，未来研究可以综合使用博弈论、案例分析、实证分析、仿真分析与准自然实验等研究方法，深入解构变量之间的逻辑关系，从而不断丰富并拓展数字经济情境下开放式创新的理论研究成果。

附　　录

附录 A　访谈提纲

第一部分：公司发展历程与经营现状

1. 请介绍您的工作职责、您的工作与公司发展的关系。
2. 请介绍贵公司的组织架构、企业文化、战略规划。
3. 请介绍贵公司的发展历程、规模、主营业务、经营现状。
4. 您认为公司的竞争优势是什么？请举例说明。
5. 请介绍贵公司发展中的标志性事件，有哪些成功或失败的经历？
6. 您认为影响公司发展的主要因素是什么？
7. 您认为公司目前存在哪些需要完善的工作，应对举措是什么？

第二部分：开放式创新与价值共创

1. 贵公司如何看待技术创新？请介绍公司技术创新的基本情况。
2. 贵公司是否经常开展合作创新？请举例说明。
3. 请介绍技术创新与贵公司战略规划的关系。
4. 贵公司是否会引进外部知识，外部知识与内部知识在作用上有何区别？
5. 贵公司是否会主动向外界输出内部知识，涉及哪些知识，采用何种手段？
6. 贵公司有哪些重要的合作伙伴，如何与他们开展合作创新？
7. 贵公司有哪些重要的利益相关者，他们哪些参与了公司的技术创新？
8. 请介绍贵公司的核心能力，在公司的经营发展中是如何表现的。
9. 请介绍贵公司的价值观，以及价值链、创新链、供应链对公司经营发展的作用。

10. 贵公司是否建有创新网络或创新生态系统，在公司的经营发展中有何作用？

第三部分：数字经济与跨组织合作

1. 您如何看待数字经济，贵公司是否具有数字经济的战略规划？

2. 贵公司是否实施数字化转型？数字技术在贵公司经营发展中的作用有哪些？

3. 数字化转型是否推动了贵公司的战略变革？请举例说明。

4. 贵公司有何数字技术应用或数字化转型的成功经验或体会？

5. 贵公司在主营业务中应用了哪些数字技术？

6. 贵公司在应用数字技术的过程中遇到了哪些问题？

7. 贵公司如何使用数字技术，数字技术应用或数字化转型对技术创新有何作用？

8. 数字技术是否改变了贵公司与合作伙伴之间的合作创新效率？请举例说明。

9. 数字技术有哪些风险，是否会影响公司的合作创新？请举例说明？

10. 您认为数字技术能够帮助公司开发商业机会吗？实践效果如何？

11. 贵公司是否利用数字技术改进传统的业务活动？

12. 贵公司是否尝试调整或重新设置组织结构以满足数字化转型的需求？

13. 您认为公司在数字经济下实现可持续发展应具备哪些新的核心能力？

14. 贵公司是否利用数字技术改进生产运作的业务流程？

15. 贵公司使用何种手段解决合作创新中的纠纷或矛盾？

16. 您认为如何在数字经济下与合作伙伴维护紧密的合作创新关系？请举例说明。

附录 B　调查问卷

尊敬的女士/先生：

您好！

感谢您在百忙之中参与本次调查。本研究旨在了解数字经济时代企业技术创新过程的内在机理与合作风险的治理机制，为此我们以开放式创新为研究对象，分析数字经济下企业开放式创新的价值共创机制与协同治理。

本调查问卷共分为五个部分：第一部分为数字化能力量表，用于测量贵公司的数字化转型或数字技术应用是否促进了核心能力的生成；第二部分为开放式创新量表，用于测量贵公司是否与合作伙伴开展知识共享、技术转让、合作研发等技术创新活动，以及上述技术创新活动对企业绩效的直接或间接影响；第三部分为开放式创新的跨组织合作风险与治理，用于测量贵公司在数字经济下开展合作创新过程的潜在与现实的合作风险，以及抑制合作风险的治理对策；第四部分为与开放式创新有关的环境因素，用于测量环境与技术变化对合作创新与企业绩效的影响；第五部分为企业基本信息，用于了解贵公司的规模、成立时间、所属行业等信息。

本调查采用匿名填答方式，所获得的信息和数据仅供学术研究之用，我们将恪守学术研究之道德规范，不以任何形式向任何人或任何组织泄露有关贵单位的相关信息。您的配合将直接决定我们的研究质量与结果。因此，我们诚挚地邀请您客观填写调查问卷。

感谢您的支持！

顺颂商祺！

1. 贵公司是否经常与外部创新主体实施开放式创新活动，包括学习或引进外部的创意、技术、专利等知识，将内部的上述知识转让、共享给合作伙伴，或者与合作伙伴开展合作研发等技术创新活动。

A. 是 　　　　B. 否

2. 如果您在上题回答"是"，请介绍贵公司开放式创新的主要领域_____。

_____

3. 贵公司是否已经完成主要业务流程的数字化转型，数字技术已在运营管理中发挥作用。

A. 是 　　　　B. 否

第一部分：数字化能力

本部分旨在从数字感知、数字分析、数字创新等角度评价贵公司的数字化能力。数字化能力是企业为适应市场环境变化、保持可持续性竞争优势，运用数字技术集聚组织内外部资源，以此推动企业战略变革、实现价值创造的能力。

您是否同意以下对贵公司数字化能力的描述	完全不同意→完全同意				
1. 能够利用数字技术识别有价值的内外部资源	1	2	3	4	5
2. 能够利用数字技术快速感知市场环境变化	1	2	3	4	5
3. 能够利用数字技术评估市场中的潜在威胁	1	2	3	4	5
4. 能够利用数字技术及时了解市场机会	1	2	3	4	5
5. 能够利用数字技术集成多种数据资源	1	2	3	4	5
6. 能够实施全价值链数据处理	1	2	3	4	5
7. 能够利用数字技术设计营销策略	1	2	3	4	5
8. 能够利用数字技术重构业务流程	1	2	3	4	5
9. 能够利用数字技术与外界开展实时数据交互	1	2	3	4	5
10. 能够利用数字技术辅助产品服务创新	1	2	3	4	5
11. 能够利用数字技术优化内外部资源配置	1	2	3	4	5
12. 能够利用数字技术开展智能决策	1	2	3	4	5
13. 能够利用数字技术提升产品智能化水平	1	2	3	4	5

第二部分：开放式创新的价值共创

本部分旨在从联合计划、联合求解、跨界融通等角度评价贵公司与用户、供应商、学研机构、中介组织等利益相关者共同创造价值的程度。

1. 价值共创

您是否同意以下对贵公司价值创造的描述	完全不同意→完全同意				
1. 企业与合作伙伴共同预测市场需求	1	2	3	4	5
2. 企业与合作伙伴共同制订产品计划	1	2	3	4	5
3. 企业与合作伙伴交流产品前景评估信息	1	2	3	4	5
4. 企业与合作伙伴共同商议产品类型与数量	1	2	3	4	5
5. 企业与合作伙伴会主动为彼此提供帮助	1	2	3	4	5
6. 企业与合作伙伴共同开展技术创新攻关	1	2	3	4	5
7. 企业与合作伙伴共担风险责任	1	2	3	4	5
8. 企业与合作伙伴共享彼此的知识基础	1	2	3	4	5
9. 企业与合作伙伴保持紧密沟通互动	1	2	3	4	5

您是否同意以下对贵公司价值创造的描述	完全不同意→完全同意				
10. 企业与外部主体开展多领域互联互通	1	2	3	4	5
11. 企业与合作伙伴开展全方位全链条合作	1	2	3	4	5

2. 开放式创新绩效

您是否同意以下对贵公司创新绩效的描述	完全不同意→完全同意				
1. 企业新产品数量显著增加	1	2	3	4	5
2. 企业提高了新产品开发速度	1	2	3	4	5
3. 企业创新项目成功率显著提升	1	2	3	4	5
4. 企业专利申请量显著增加	1	2	3	4	5
5. 企业新产品销售额不断上升	1	2	3	4	5

第三部分：开放式创新的跨组织合作风险与协同治理

本部分旨在评价贵公司在数字经济下实施开放式创新过程中可能存在的合作风险以及协同治理策略的作用。

1. 开放式创新的跨组织合作风险

您是否同意以下关于开放式创新合作风险的描述	完全不同意→完全同意				
1. 合作参与方不愿承担数据安全问题所导致的利益损失的责任	1	2	3	4	5
2. 合作参与方在遇到数字技术造成的问题或冲突时会互相推诿	1	2	3	4	5
3. 合作参与方担心利益受损而拒绝适应新技术或情境	1	2	3	4	5
4. 合作参与方由于忌惮数字技术带来的知识泄露而消极合作	1	2	3	4	5
5. 合作伙伴之间会由于数字鸿沟而产生目标分歧	1	2	3	4	5
6. 合作伙伴之间会由于数字化能力与技术差距而降低资源投入	1	2	3	4	5
7. 合作参与方借助数字技术的功能缺陷为谋求自身利益而违反约定	1	2	3	4	5
8. 合作参与方利用数字技术侵犯合作伙伴的知识产权	1	2	3	4	5

您是否同意以下关于开放式创新合作风险的描述	完全不同意→完全同意				
9. 合作参与方借助数字技术向合作伙伴提出有悖协议的利益要求	1	2	3	4	5
10. 合作参与方借助自身数字技术优势窃取合作伙伴的核心技术	1	2	3	4	5
11. 合作参与方利用数字技术优势争夺合作主导权	1	2	3	4	5
12. 合作参与方通过数据操纵或数据垄断侵占合作伙伴利益	1	2	3	4	5

2. 协同治理策略

您是否同意以下关于治理合作行为的描述	完全不同意→完全同意				
1. 我们与合作伙伴的关系主要受书面契约的约束	1	2	3	4	5
2. 我们与合作伙伴明确规定双方权利和义务的正式协议	1	2	3	4	5
3. 我们与合作伙伴在契约中清晰界定合作中的重要事项	1	2	3	4	5
4. 我们与合作伙伴公开沟通和共享信息、想法或倡议	1	2	3	4	5
5. 我们与合作伙伴均致力于建立紧密的合作关系	1	2	3	4	5
6. 我们与合作伙伴通过共同协商和讨论解决问题和冲突	1	2	3	4	5
7. 我们相信合作伙伴会保持诚实合作行为	1	2	3	4	5
8. 我们合作伙伴关心其他合作参与方的利益	1	2	3	4	5

第四部分：外部环境因素

本部分旨在评价外部环境变化对贵公司经营与发展的影响。

1. 环境动态性

您是否同意以下关于市场环境的描述	完全不同意→完全同意				
1. 环境变化激烈	1	2	3	4	5
2. 用户不断寻求新的产品与服务	1	2	3	4	5
3. 当地市场瞬息万变	1	2	3	4	5

您是否同意以下关于市场环境的描述	完全不同意→完全同意				
4. 市场的变化超乎想象	1	2	3	4	5
5. 产品与服务交付数量快速变化	1	2	3	4	5

2. 技术动荡性

您是否同意以下关于技术环境的描述	完全不同意→完全同意				
1. 公司所在产业的技术变化日新月异	1	2	3	4	5
2. 技术变革为公司提供了大量的发展机会	1	2	3	4	5
3. 技术突破催生了一系列产品创新理念	1	2	3	4	5
4. 公司无法准确判断所在产业的技术走向	1	2	3	4	5

第五部分：基本信息

1. 贵公司的成立年限

A. 小于 10 年　　　　B. 10～20 年　　　　C. 大于 20 年

2. 贵公司的员工数量

A. 小于 300 人　　　B. 300～1000 人　　　C. 大于 1000 人

3. 贵公司的性质

A. 国有企业　　　　B. 民营企业　　　　C. 外资企业

4. 您在贵公司的职位

A. 高层管理人员　　B. 中层管理人员　　C. 基层管理人员

D. 其他

5. 贵公司所属行业

□电子信息　　　　□先进制造与自动化　　□生物与新医药

□航空航天　　　　□新材料　　　　　　　□高技术服务

□新能源与节能　　□资源与环境　　　　　□传统制造

□金融业　　　　　□建筑与房地产　　　　□商贸与服务

□石油化工　　　　□纺织服装鞋帽加工　　□旅游业

□其他

参 考 文 献

［1］ Aagaard A，Rezac F. Governing the interplay of inter-organizational relationship mechanisms in open innovation projects across ecosystems ［J］. Industrial Marketing Management，2022，105：131-146.

［2］ Aarikka-Stenroos L，Jaakkola E. Value co-creation in knowledge intensive business services：a dyadic perspective on the joint problem solving process ［J］. Industrial Marketing Management，2012，41（1）：15-26.

［3］ Abdi M，Aulakh P S. Locus of uncertainty and the relationship between contractual and relational governance in cross-border interfirm relationships ［J］. Journal of Management，2017，43（3）：771-803.

［4］ Ahlfänger M，Gemünden H G，Leker J. Balancing knowledge sharing with protecting：the efficacy of formal control in open innovation projects ［J］. International Journal of Project Management，2022，40（2）：105-119.

［5］ Akter S，Wamba S F，Gunasekaran A，et al. How to improve firm performance using big data analytics capability and business strategy alignment？［J］. International Journal of Production Economics，2016，182：113-131.

［6］ Almirall E，Casadesus-Masanell R. Open versus closed innovation：a model of discovery and divergence ［J］. Academy of Management Review，2010，35（1）：27-47.

［7］ Anderson E，Weitz B. The use of pledges to build and sustain commitment in distribution channels ［J］. Journal of Marketing Research，1992，29（1）：18-34.

［8］ Annarelli A，Battistella C，Nonino F，et al. Literature review on digitalization capabilities: co-citation analysis of antecedents, conceptualization and consequences [J]. Technological Forecasting and Social Change, 2021, 166: 120635.

[9] Armstrong J S, Overton T S. Estimating nonresponse bias in mail surveys [J]. Journal of Marketing Research, 1977, 14 (3): 396-402.

[10] Arranz N, De Arroyabe J C F. Effect of formal contracts, relational norms and trust on performance of joint research and development projects [J]. British Journal of Management, 2012, 23 (4): 575-588.

[11] Bagherzadeh M, Gurca A, Brunswicker S. Problem types and open innovation governance modes: a project-level empirical exploration [J]. IEEE Transactions on Engineering Management, 2019, 69 (2): 287-301.

[12] Bahemia H, Squire B. A contingent perspective of open innovation in new product development projects [J]. International Journal of Innovation Management, 2010, 14 (4): 603-627.

[13] Ballantyne D, Varey R J. Creating value-in-use through marketing interaction: the exchange logic of relating, communicating and knowing [J]. Marketing Theory, 2006, 6 (3): 335-348.

[14] Bennett N, Lemoine G J. What a difference a word makes: understanding threats to performance in a VUCA world [J]. Business Horizons, 2014, 57 (3): 311-317.

[15] Blau P M. Exchange and power in social life [M]. New York: John Wiley & Sons, 1964.

[16] Blichfeldt H, Faullant R. Performance effects of digital technology adoption and product & service innovation: a process-industry perspective [J]. Technovation, 2021, 105: 102275.

[17] Blois K. Business to business exchanges: a rich descriptive apparatus derived from MacNeil's and Menger's analyses [J]. Journal of Management Studies, 2002, 39 (4): 523-551.

[18] Blome C, Schoenherr T, Eckstein D. The impact of knowledge transfer and complexity on supply chain flexibility: a knowledge-based view [J]. International Journal of Production Economics, 2014, 147: 307-316.

［19］ Bouncken R B，Clauß T，Fredrich V. Product innovation through coopetition in alliances: singular or plural governance? ［J］. Industrial Marketing Management，2016，53: 77—90.

［20］ Brislin R W. Back—translation for cross—cultural research ［J］. Journal of Cross—cultural Psychology，1970，1（3）: 185—216.

［21］ Brynjolfsson E，Collis A. How should we measure the digital economy ［J］. Harvard Business Review，2019，97（6）: 140—148.

［22］ Cannon J P，Achrol R S，Gundlach G T. Contracts，norms，and plural form governance ［J］. Journal of the Academy of Marketing Science，2000，28（2）: 180—194.

［23］ Cao Z，Lumineau F. Revisiting the interplay between contractual and relational governance: a qualitative and meta—analytic investigation ［J］. Journal of Operations Management，2015，33: 15—42.

［24］ Cassiman B，Valentini G. Open innovation: are inbound and outbound knowledge flows really complementary? ［J］. Strategic Management Journal，2016，37（6）: 1034—1046.

［25］ Cenamor J，Parida V，Wincent J. How entrepreneurial SMEs compete through digital platforms: the roles of digital platform capability，network capability and ambidexterity ［J］. Journal of Business Research，2019，100: 196—206.

［26］ Chesbrough H，Lettl C，Ritter T. Value creation and value capture in open innovation ［J］. Journal of Product Innovation Management，2018，35（6）: 930—938.

［27］ Chesbrough H. Open innovation: the new imperative for creating and profiting from technology ［M］. Boston: Harvard Business Press，2003.

［28］ Chesbrough H. Open innovation: where we've been and where we're going ［J］. Research—Technology Management，2012，55（4）: 20—27.

［29］ Chesbrough H. The era of open innovation ［J］. MIT Sloan Management Review，2003，44（3）: 35—41.

［30］ Chesbrough H. The future of open innovation ［J］. Research—Technology Management，2017，60（1）: 35—38.

［31］ Chiang Y H，Hung K P. Exploring open search strategies and perceived innovation performance from the perspective of inter—organizational knowledge flows [J]. R&D Management, 2010, 40 (3): 292−299.

[32] Churchill G A. A paradigm for developing better measures of marketing constructs [J]. Journal of Marketing Research, 1979, 16 (1): 64−73.

[33] Ciarli T, Kenney M, Massini S, et al. Digital technologies, innovation, and skills: emerging trajectories and challenges [J]. Research Policy, 2021, 50 (7): 104289.

[34] Claro D P, Claro P B O. Collaborative buyer−supplier relationships and downstream information in marketing channels [J]. Industrial Marketing Management, 2010, 39 (2): 221−228.

[35] Coase R H. The nature of the firm [M]. London: Macmillan Education Limited, 1995.

[36] Cropanzano R, Mitchell M S. Social exchange theory: an interdisciplinary review [J]. Journal of Management, 2005, 31 (6): 874−900.

[37] Cui T, Ye J H, Tan C H. Information technology in open innovation: a resource orchestration perspective [J]. Information & Management, 2022, 59 (8): 103699.

[38] Cuypers I R P, Hennart J F, Silverman B S, et al. Transaction cost theory: past progress, current challenges, and suggestions for the future [J]. Academy of Management Annals, 2021, 15 (1): 111−150.

[39] Dabić M, Obradović Posinković T, Vlačić B, et al. A configurational approach to new product development performance: the role of open innovation, digital transformation and absorptive capacity [J]. Technological Forecasting and Social Change, 2023, 194: 122720.

[40] Del Vecchio P, DiMinin A, Petruzzelli A M, et al. Big data for open innovation in SMEs and large corporations: trends, opportunities, and challenges [J]. Creativity and Innovation Management, 2018, 27 (1): 6−22.

[41] Denford J S. Building knowledge: developing a knowledge − based dynamic capabilities typology [J]. Journal of Knowledge Management, 2013, 17 (2): 175−194.

[42] Dyer J H, Singh H, Hesterly W S. The relational view revisited: a dynamic perspective on value creation and value capture [J]. Strategic

Management Journal, 2018, 39 (12): 3140-3162.

[43] Eisenhardt K M. Building theories from case study research [J]. Academy of Management Review, 1989, 14 (4): 532-550.

[44] Felin T, Hesterly W S. The knowledge – based view, nested heterogeneity, and new value creation: philosophical considerations on the locus of knowledge [J]. Academy of Management Review, 2007, 32 (1): 195-218.

[45] Felin T, Zenger T R. Closed or open innovation? Problem solving and the governance choice [J]. Research Policy, 2014, 43 (5): 914-925.

[46] Fiss P C. Building better causal theories: a fuzzy set approach to typologies in organization research [J]. Academy of Management Journal, 2011, 54 (2): 393-420.

[47] Gebauer H, Fleisch E, Lamprecht C, et al. Growth paths for overcoming the digitalization paradox [J]. Business Horizons, 2020, 63 (3): 313-323.

[48] Gerring J. Case study research: principles and practices [M]. Cambridge: Cambridge University Press, 2006.

[49] Gomezel A S, Aleksić D. The relationships between technological turbulence, flow experience, innovation performance and small firm growth [J]. Journal of Business Economics and Management, 2020, 21 (3): 760-782.

[50] Gong Y, Yao Y, Zan A. The too-much-of-a-good-thing effect of digitalization capability on radical innovation: the role of knowledge accumulation and knowledge integration capability [J]. Journal of Knowledge Management, 2023, 27 (6): 1680-1701.

[51] Grant R M. Toward a knowledge – based theory of the firm [J]. Strategic Management Journal, 1996, 17 (S2): 109-122.

[52] Griffith D A, Myers M B. The performance implications of strategic fit of relational norm governance strategies in global supply chain relationships [J]. Journal of International Business Studies, 2005, 36: 254-269.

[53] Gulati R. Does familiarity breed trust? The implications of repeated ties for contractual choice in alliances [J]. Academy of Management

Journal, 1995, 38 (1): 85−112.

[54] Gummesson E, Mele C. Marketing as value co − creation through network interaction and resource integration [J]. Journal of Business Market Management, 2010, 4 (4): 181−198.

[55] Gundlach G T, Achrol R S, Mentzer J T. The structure of commitment in exchange [J]. Journal of Marketing, 1995, 59 (1): 78−92.

[56] Haaker T, Ly P T M, Nguyen − Thanh N, et al. Business model innovation through the application of the Internet − of − Things: a comparative analysis [J]. Journal of Business Research, 2021, 126: 126−136.

[57] Han K, Oh W, Im K S, et al. Value cocreation and wealth spillover in open innovation alliances [J]. MIS Quarterly, 2012, 36 (1): 291−315.

[58] Heiman B, Nickerson J A. Towards reconciling transaction cost economics and the knowledge−based view of the firm: the context of interfirm collaborations [J]. International Journal of the Economics of Business, 2002, 9 (1): 97−116.

[59] Hilbolling S, Berends H, Deken F, et al. Complementors as connectors: managing open innovation around digital product platforms [J]. R&D Management, 2020, 50 (1): 18−30.

[60] Huang M−C, Cheng H−L, Tseng C−Y. Reexamining the direct and interactive effects of governance mechanisms upon buyer − supplier cooperative performance [J]. Industrial Marketing Management, 2014, 43 (4): 704−716.

[61] Huang S, Chen J, Liang L. How open innovation performance responds to partner heterogeneity in China [J]. Management Decision, 2018, 56 (1): 26−46.

[62] Hung K − P, Chou C. The impact of open innovation on firm performance: the moderating effects of internal R&D and environmental turbulence [J]. Technovation, 2013, 33 (10): 368−380.

[63] Im S, Workman J P. Market orientation, creativity, and new product performance in high−technology firms [J]. Journal of Marketing, 2004, 68 (2): 114−132.

[64] Jansen J J P, Van Den Bosch F, Volberda H W. Exploratory

innovation, exploitative innovation, and performance: effects of organizational antecedents and environmental moderators [J]. Management Science, 2006, 52 (11): 1661−1674.

[65] Jap S D, Ganesan S. Control mechanisms and the relationship life cycle: implications for safeguarding specific investments and developing commitment [J]. Journal of Marketing Research, 2000, 37 (2): 227−245.

[66] Jaworski B J, Kohli A K. Market orientation: antecedents and consequences [J]. Journal of Marketing, 1993, 57 (3): 53−70.

[67] Jia Y, Wang T, Xiao K, et al. How to reduce opportunism through contractual governance in the cross−cultural supply chain context: evidence from Chinese exporters [J]. Industrial Marketing Management, 2020, 91: 323−337.

[68] Jin C, Liu A, Liu H, et al. How business model design drives innovation performance: the roles of product innovation capabilities and technological turbulence [J]. Technological Forecasting and Social Change, 2022, 178: 121591.

[69] Ju M, Gao G Y. Relational governance and control mechanisms of export ventures: an examination across relationship length [J]. Journal of International Marketing, 2017, 25 (2): 72−87.

[70] Kelman H C. Compliance, identification, and internalization three processes of attitude change [J]. Journal of Conflict Resolution, 1958, 2 (1): 51−60.

[71] Khin S, Ho T C F. Digital technology, digital capability and organizational performance [J]. International Journal of Innovation Science, 2020, 11 (2): 177−195.

[72] Krishnan R, Geyskens I, Steenkamp J B E M. The effectiveness of contractual and trust − based governance in strategic alliances under behavioral and environmental uncertainty [J]. Strategic Management Journal, 2016, 37 (12): 2521−2542.

[73] Krishnan R, Geyskens I, Steenkamp J−B E M. The effectiveness of contractual and trust − based governance in strategic alliances under behavioral and environmental uncertainty [J]. Strategic Management

Journal, 2016, 37 (12): 2521—2542.

[74] Lai F J, Tian Y, Huo B F. Relational governance and opportunism in logistics outsourcing relationships: empirical evidence from China [J]. International Journal of Production Research, 2012, 50 (9): 2501—2514.

[75] Larson A. Network dyads in entrepreneurial settings: a study of the governance of exchange relationships [J]. Administrative Science Quarterly, 1992, 37 (1): 76—104.

[76] Lauritzen G D, Karafyllia M. Perspective: leveraging open innovation through paradox [J]. Journal of Product Innovation Management, 2019, 36 (1): 107—121.

[77] Laursen K, Salter A J. The paradox of openness: appropriability, external search and collaboration [J]. Research Policy, 2014, 43 (5): 867—878.

[78] Laursen K, Salter A. Open for innovation: the role of openness in explaining innovation performance among UK manufacturing firms [J]. Strategic Management Journal, 2006, 27 (2): 131—150.

[79] Lenka S, Parida V, Wincent J. Digitalization capabilities as enablers of value co—creation in servitizing firms [J]. Psychology & Marketing, 2017, 34 (1): 92—100.

[80] Li J J, Poppo L, Zhou K Z. Relational mechanisms, formal contracts, and local knowledge acquisition by international subsidiaries [J]. Strategic Management Journal, 2009, 31 (4): 349—370.

[81] Li J, Zhou J, Cheng Y. Conceptual method and empirical practice of building digital capability of industrial enterprises in the digital age [J]. IEEE Transactions on Engineering Management, 2019, 69 (5): 1902—1916.

[82] Li L, Zhu W, Wei L, et al. How can digital collaboration capability boost service innovation? Evidence from the information technology industry [J]. Technological Forecasting and Social Change, 2022, 182: 121830.

[83] Li S, Huo B, Wang Q. The impact of buyer—supplier communication on performance: a contingency and configuration approach [J].

International Journal of Production Economics，2023，257：108761.

[84] Li Y，Kwok R C W，Zhang S，et al. How could firms benefit more from absorptive capacity under technological turbulence? The contingent effect of managerial mechanisms [J]. Asian Journal of Technology Innovation，2020，28（1）：1−20.

[85] Lichtenthaler U，Ernst H. Opening up the innovation process：the role of technology aggressiveness [J]. R&D Management，2009，39（1）：38−54.

[86] Lichtenthaler U，Lichtenthaler E. A capability−based framework for open innovation：complementing absorptive capacity [J]. Journal of Management Studies，2009，46（8）：1315−1338.

[87] Lichtenthaler U. Open innovation：past research，current debates，and future directions [J]. Academy of Management Perspectives，2011，25（1）：75−93.

[88] Lichtenthaler U. Outbound open innovation and its effect on firm performance：examining environmental influences [J]. R&D Management，2009，39（4）：317−330.

[89] Liu S，Chan F T，Yang J，et al. Understanding the effect of cloud computing on organizational agility：an empirical examination [J]. International Journal of Information Management，2018，43：98−111.

[90] Liu Y，Li Y，Shi L H，et al. Knowledge transfer in buyer−supplier relationships：the role of transactional and relational governance mechanisms [J]. Journal of Business Research，2017，78：285−293.

[91] Liu Y，Luo Y，Liu T. Governing buyer−supplier relationships through transactional and relational mechanisms：evidence from China [J]. Journal of Operations Management，2009，27（4）：294−309.

[92] Lui S S，Ngo H−Y. The role of trust and contractual safeguards on cooperation in non−equity alliances [J]. Journal of Management，2004，30（4）：471−485.

[93] Lumineau F，Malhotra D. Shadow of the contract：how contract structure shapes interfirm dispute resolution [J]. Strategic Management Journal，2011，32（5）：532−555.

[94] Lumineau F，Oliveira N. Reinvigorating the study of opportunism in

supply chain management [J]. Journal of Supply Chain Management, 2020, 56 (1): 73−87.

[95] Lyons B R. Contracts and specific investment: an empirical test of transaction cost theory [J]. Journal of Economics & Management Strategy, 1994, 3 (2): 257−278.

[96] MacNeil I R. The many futures of contracts [J]. Southern California Law Review, 1974, 47 (3): 691−816.

[97] MacNeil I R. The new social contract: an inquiry into modern contractual relations [M]. New Haven: Yale University Press, 1980.

[98] Malhotra D, Murnighan J K. The effects of contracts on interpersonal trust [J]. Administrative Science Quarterly, 2002, 47 (3): 534−559.

[99] Mayer R C, Davis J H, Schoorman F D. An integrative model of organizational trust [J]. Academy of Management Review, 1995, 20 (3): 709−734.

[100] McEvily B, Perrone V, Zaheer A. Trust as an organizing principle [J]. Organization Science, 2003, 14 (1): 91−103.

[101] Meso P, Smith R. A resource−based view of organizational knowledge management systems [J]. Journal of Knowledge Management, 2000, 4 (3): 224−234.

[102] Millar C, Groth O, Mahon J F. Management innovation in a VUCA world: challenges and recommendations [J]. California Management Review, 2018, 61 (1): 5−14.

[103] Moore G C, Benbasat I. Development of an instrument to measure the perceptions of adopting an information technology innovation [J]. Information Systems Research, 1991, 2 (3): 192−222.

[104] Nambisan S, Lyytinen K, Majchrzak A, et al. Digital innovation management: reinventing innovation management research in a digital world [J]. MIS Quarterly, 2017, 41 (1): 223−238.

[105] Nambisan S, Siegel D, Kenney M. On open innovation, platforms, and entrepreneurship [J]. Strategic Entrepreneurship Journal, 2018, 12 (3): 354−368.

[106] Nambisan S. Digital entrepreneurship: toward a digital technology perspective of entrepreneurship [J]. Entrepreneurship Theory and

Practice，2017，41（6）：1029−1055.

[107] Nasiri M，Saunila M，Ukko J，et al. Shaping digital innovation via digital−related capabilities［J］. Information Systems Frontiers，2021，25（3）：1063−1080.

[108] Nieto M J，Santamaria L，Bammens Y. Digitalization as a facilitator of open innovation：are family firms different？［J］. Technovation，2023，128：102854.

[109] Nonaka I，Takeuchi H. The knowledge − creating company：how Japanese companies create the dynamics of innovation［M］. Oxford：Oxford University Press，1995.

[110] O'cass A，Heirati N，Ngo L V. Achieving new product success via the synchronization of exploration and exploitation across multiple levels and functional areas［J］. Industrial Marketing Management，2014，43（5）：862−872.

[111] Ogink R H，Goossen M C，Romme A G L，et al. Mechanisms in open innovation：a review and synthesis of the literature［J］. Technovation，2023，119：102621.

[112] Ovuakporie O D，Pillai K G，Wang C，et al. Differential moderating effects of strategic and operational reconfiguration on the relationship between open innovation practices and innovation performance［J］. Research Policy，2021，50（1）：104146.

[113] Palmatier R W，Dant R P，Grewal D. A comparative longitudinal analysis of theoretical perspectives of interorganizational relationship performance［J］. Journal of Marketing，2007，71（4）：172−194.

[114] Pan W，Xie T，Wang Z，et al. Digital economy：an innovation driver for total factor productivity［J］. Journal of Business Research，2022，139：303−311.

[115] Paswan A K，Hirunyawipada T，Iyer P. Opportunism，governance structure and relational norms：an interactive perspective［J］. Journal of Business Research，2017，77：131−139.

[116] Payne A F，Storbacka K，Frow P. Managing the co−creation of value［J］. Journal of the Academy of Marketing Science，2008，36（1）：83−96.

[117] Pera R, Occhiocupo N, Clarke J. Motives and resources for value co-creation in a multi-stakeholder ecosystem: a managerial perspective [J]. Journal of Business Research, 2016, 69 (10): 4033-4041.

[118] Pittino D, Mazzurana P A M. Alliance governance and performance in SMEs: matching relational and contractual governance with alliance goals [J]. Entrepreneurship Research Journal, 2013, 3 (1): 62-83.

[119] Podsakoff P M, MacKenzie S B, Lee J Y, et al. Common method biases in behavioral research: a critical review of the literature and recommended remedies [J]. Journal of Applied Psychology, 2003, 88 (5): 879-903.

[120] Poppo L, Zenger T. Do formal contracts and relational governance function as substitutes or complements? [J]. Strategic Management Journal, 2002, 23 (8): 707-725.

[121] Poppo L, Zhou K Z. Managing contracts for fairness in buyer-supplier exchanges [J]. Strategic Management Journal, 2014, 35 (10): 1508-1527.

[122] Prahalad C K, Ramaswamy V. Co-creation experiences: the next practice in value creation [J]. Journal of Interactive Marketing, 2004, 18 (3): 5-14.

[123] Prahalad C K, Ramaswamy V. Co-opting customer competence [J]. Harvard Business Review, 2000, 78 (1): 79-90.

[124] Proksch D, Rosin A F, Stubner S, et al. The influence of a digital strategy on the digitalization of new ventures: the mediating effect of digital capabilities and a digital culture [J]. Journal of Small Business Management, 2021, 62 (1): 1-29.

[125] Ragin C C. The comparative method: moving beyond qualitative and quantitative strategies [M]. Oakland: University of California Press, 2014.

[126] Randhawa K, West J, Skellern K, et al. Evolving a value chain to an open innovation ecosystem: cognitive engagement of stakeholders in customizing medical implants [J]. California Management Review, 2021, 63 (2): 101-134.

[127] Ranjan K R, Read S. Value co-creation: concept and measurement

[J]. Journal of the Academy of Marketing Science, 2016, 44 (3): 290-315.

[128] Ritter T, Pedersen C L. Digitization capability and the digitalization of business models in business-to-business firms: past, present, and future [J]. Industrial Marketing Management, 2020, 86: 180-190.

[129] Rokkan A I, Heide J B, Wathne K H. Specific investments in marketing relationships: expropriation and bonding effects [J]. Journal of Marketing Research, 2003, 40 (2): 210-224.

[130] Saida S, Shahriar A, Elias K, et al. Architecting and developing big data-driven innovation (DDI) in the digital economy [J]. Journal of Global Information Management, 2021, 29 (3): 165-187.

[131] Salganik M J, Heckathorn D D. Sampling and estimation in hidden populations using respondent-driven sampling [J]. Sociological Methodology, 2004, 34 (1): 193-240

[132] Salter A, Criscuolo P, Ter Wal A L J. Coping with open innovation: responding to the challenges of external engagement in R&D [J]. California Management Review, 2014, 56 (2): 77-94.

[133] Sebastian I M, Ross J W, Beath C, et al. How big old companies navigate digital transformation [J]. MIS Quarterly Executive, 2017, 16 (3): 197-213.

[134] Shi X L, Li G Z, Dong C W, et al. Value co-creation behavior in green supply chains: an empirical study [J]. Energies, 2020, 13 (15): 1-23.

[135] Sisodiya S R, Johnson J L, Grégoire Y. Inbound open innovation for enhanced performance: enablers and opportunities [J]. Industrial Marketing Management, 2013, 42 (5): 836-849.

[136] Son B G, Kim H, Hur D, et al. The dark side of supply chain digitalisation: supplier-perceived digital capability asymmetry, buyer opportunism and governance [J]. International Journal of Operations & Production Management, 2021, 41 (7): 1220-1247.

[137] Spender J C, Grant R M. Knowledge and the firm: overview [J]. Strategic Management Journal, 1996, 17 (S2): 5-9.

[138] Szalavetz A. Industry 4.0 and capability development in manufacturing

subsidiaries [J]. Technological Forecasting and Social Change, 2019, 145: 384−395.

[139] Teece D J. Business models and dynamic capabilities [J]. Long Range Planning, 2018, 51 (1): 40−49.

[140] Teece D J. Profiting from innovation in the digital economy: enabling technologies, standards, and licensing models in the wireless world [J]. Research Policy, 2018, 47 (8): 1367−1387.

[141] Thomas C, Patrick S. Governance of open innovation networks with national vs international scope [J]. Journal of Strategy and Management, 2017, 10 (1): 66−85.

[142] Urbinati A, Chiaroni D, Chiesa V, et al. The role of digital technologies in open innovation processes: an exploratory multiple case study analysis [J]. R&D Management, 2020, 50 (1): 136−160.

[143] Uzzi B. Social structure and competition in interfirm networks: the paradox of embeddedness [J]. Administrative Science Quarterly, 1997, 42 (1): 35−67.

[144] Vaia G, Arkhipova D, Delone W. Digital governance mechanisms and principles that enable agile responses in dynamic competitive environments [J]. European Journal of Information Systems, 2022, 31 (6): 662−680.

[145] Vargo S L, Lusch R F. Service − dominant logic: continuing the evolution [J]. Journal of the Academy of Marketing Science, 2008, 36 (1): 1−10.

[146] Von Hippel E. Democratizing innovation [M]. Cambridge: The MIT Press, 2005.

[147] Wagner S M, Kemmerling R. Handling nonresponse in logistics research [J]. Journal of Business Logistics, 2010, 31 (2): 357−382.

[148] Wallenburg C M, Schaffler T. The interplay of relational governance and formal control in horizontal alliances: a social contract perspective [J]. Journal of Supply Chain Management, 2014, 50 (2): 41−58.

[149] Wang C−H, Chang C−H, Shen G C. The effect of inbound open innovation on firm performance: evidence from high − tech industry [J]. Technological Forecasting and Social Change, 2015, 99: 222−

230.

[150] Wang L, Yeung J H Y, Zhang M. The impact of trust and contract on innovation performance: the moderating role of environmental uncertainty [J]. International Journal of Production Economics, 2011, 134 (1): 114−122.

[151] Wang N, Wan J, Ma Z, et al. How digital platform capabilities improve sustainable innovation performance of firms: the mediating role of open innovation [J]. Journal of Business Research, 2023, 167: 114080.

[152] Wathne K H, Heide J B. Opportunism in interfirm relationships: forms, outcomes, and solutions [J]. Journal of Marketing, 2000, 64 (4): 36−51.

[153] Wen J, Muhammad H N, Zahid Y, et al. Innovation performance in digital economy: does digital platform capability, improvisation capability and organizational readiness really matter? [J]. European Journal of Innovation Management, 2021, 25 (5): 1309−1327.

[154] West J, Bogers M. Leveraging external sources of innovation: a review of research on open innovation [J]. Journal of Product Innovation Management, 2014, 31 (4): 814−831.

[155] West J, Gallagher S. Challenges of open innovation: the paradox of firm investment in open−source software [J]. R&D Management, 2006, 36 (3): 319−331.

[156] West J, Salter A, Vanhaverbeke W, et al. Open innovation: the next decade [J]. Research Policy, 2014, 43 (5): 805−811.

[157] Williamson O E. The economic institutions of capitalism [M]. New York: The Free Press, 1985.

[158] Wu A, Wang Z, Chen S. Impact of specific investments, governance mechanisms and behaviors on the performance of cooperative innovation projects [J]. International Journal of Project Management, 2017, 35 (3): 504−515.

[159] Wu L, Hitt L, Lou B. Data analytics, innovation, and firm productivity [J]. Management Science, 2020, 66 (5): 2017−2039.

[160] Wu L, Sun L, Chang Q, et al. How do digitalization capabilities enable

open innovation in manufacturing enterprises? A multiple case study based on resource integration perspective [J]. Technological Forecasting and Social Change, 2022, 184: 122019.

[161] Wu S, Ding X, Liu R, et al. How does IT capability affect open innovation performance? The mediating effect of absorptive capacity [J]. European Journal of Innovation Management, 2021, 24 (1): 43—65.

[162] Wuyts S, Geyskens I. The formation of buyer—supplier relationships: detailed contract drafting and close partner selection [J]. Journal of Marketing, 2005, 69 (4): 103—117.

[163] Xie X, Wang H. How can open innovation ecosystem modes push product innovation forward? An fsQCA analysis [J]. Journal of Business Research, 2020, 108: 29—41.

[164] Yang L, Huo B, Tian M, et al. The impact of digitalization and inter—organizational technological activities on supplier opportunism: the moderating role of relational ties [J]. International Journal of Operations & Production Management, 2021, 41 (7): 1085—1118.

[165] Yi Y, Gong T. Customer value co — creation behavior: scale development and validation [J]. Journal of Business Research, 2013, 66 (9): 1279—1284.

[166] Yin R K. Case study research: design and methods [M]. California: Sage Publications, 2009.

[167] Yli—Renko H, Autio E, Sapienza H J. Social capital, knowledge acquisition, and knowledge exploitation in young technology — based firms [J]. Strategic Management Journal, 2001, 22 (6): 587—613.

[168] Yu F, Jiang D, Zhang Y, et al. Enterprise digitalisation and financial performance: the moderating role of dynamic capability [J]. Technology Analysis & Strategic Management, 2023, 35 (6): 704—720.

[169] Zaheer A, McEvily B, Perrone V. Does trust matter? Exploring the effects of interorganizational and interpersonal trust on performance [J]. Organization Science, 1998, 9 (2): 141—159.

[170] Zhang Q, Zhou K Z. Governing interfirm knowledge transfer in the

Chinese market: the interplay of formal and informal mechanisms [J]. Industrial Marketing Management, 2013, 42 (5): 783-791.

[171] Zhong W, Su C, Peng J, et al. Trust in interorganizational relationships: a meta-analytic integration [J]. Journal of Management, 2017, 43 (4): 1050-1075.

[172] Zhou Y, Zhang X, Zhuang G, et al. Relational norms and collaborative activities: roles in reducing opportunism in marketing channels [J]. Industrial Marketing Management, 2015, 46: 147-159.

[173] Zobel A K, Hagedoorn J. Implications of open innovation for organizational boundaries and the governance of contractual relations [J]. Academy of Management Perspectives, 2020, 34 (3): 400-423.

[174] 白景坤, 张雅, 李思晗. 平台型企业知识治理与价值共创关系研究 [J]. 科学学研究, 2020, 38 (12): 2193-2201.

[175] 陈钰芬, 陈劲. 开放式创新促进创新绩效的机理研究 [J]. 科研管理, 2009, 30 (4): 1-9.

[176] 成琼文, 赵艺璇. 企业核心型开放式创新生态系统价值共创模式对价值共创效应的影响——一个跨层次调节效应模型 [J]. 科技进步与对策, 2021, 38 (17): 87-96.

[177] 戴亦舒, 叶丽莎, 董小英. 创新生态系统的价值共创机制——基于腾讯众创空间的案例研究 [J]. 研究与发展管理, 2018, 30 (4): 1-13.

[178] 刁丽琳, 朱桂龙. 产学研联盟契约和信任对知识转移的影响研究 [J]. 科学学研究, 2015, 33 (5): 723-733.

[179] 杜丹丽, 付益鹏, 高琨. 创新生态系统视角下价值共创如何影响企业创新绩效——一个有调节的中介模型 [J]. 科技进步与对策, 2021, 38 (10): 105-113.

[180] 杜运周, 贾良定. 组态视角与定性比较分析 (QCA): 管理学研究的一条新道路 [J]. 管理世界, 2017, 33 (6): 155-167.

[181] 樊志文, 张剑渝, 董蓉. 强势企业认知合法性调节下契约治理对渠道稳定的影响 [J]. 软科学, 2019, 33 (1): 60-63.

[182] 冯华, 李君翊. 组织间依赖和关系治理机制对绩效的效果评估——基于机会主义行为的调节作用 [J]. 南开管理评论, 2019, 22 (3): 103-111.

[183] 冯华, 聂蕾, 施雨玲. 供应链治理机制与供应链绩效之间的相互作用关

系——基于信息共享的中介效应和信息技术水平的调节效应〔J〕. 中国管理科学，2020，28（2）：104−114.

［184］冯檬莹，陈海波，郭晓雪. 大数据能力、供应链协同创新与制造企业运营绩效的关系研究〔J〕. 管理工程学报，2023，37（3）：51−59.

［185］高维和，黄沛，王震国. 渠道冲突管理的"生命周期观"——机会主义及其治理机制〔J〕. 南开管理评论，2006，9（3）：30−35.

［186］古继宝，王冰，吴剑琳. 双向开放式创新、创新能力与新产品市场绩效〔J〕. 经济与管理研究，2017，38（11）：134−144.

［187］管兵. 数字治理的多重边界〔J〕. 浙江学刊，2023（5）：24−28.

［188］郭海，韩佳平. 数字化情境下开放式创新对新创企业成长的影响：商业模式创新的中介作用〔J〕. 管理评论，2019，31（6）：186−198.

［189］郭海，王超，黄冉. 开放式创新对数字创业企业绩效的影响研究〔J〕. 管理学报，2022，19（7）：1038−1045.

［190］郭尉. 创新开放度对企业创新绩效影响的实证研究〔J〕. 科研管理，2016，37（10）：43−50.

［191］韩晶，陈曦，冯晓虎. 数字经济赋能绿色发展的现实挑战与路径选择〔J〕. 改革，2022（9）：11−23.

［192］洪银兴，任保平. 数字经济与实体经济深度融合的内涵和途径〔J〕. 中国工业经济，2023（2）：5−16.

［193］侯光文，刘青青. 网络权力与创新绩效：基于企业数字化能力视角〔J〕. 科学学研究，2022，40（6）：1143−1152.

［194］黄勃，李海彤，刘俊岐，等. 数字技术创新与中国企业高质量发展——来自企业数字专利的证据〔J〕. 经济研究，2023，58（3）：97−115.

［195］贾西猛，李丽萍，王涛，等. 企业数字化转型对开放式创新的影响〔J〕. 科学学与科学技术管理，2022，43（11）：19−36.

［196］简兆权，肖霄. 网络环境下的服务创新与价值共创：携程案例研究〔J〕. 管理工程学报，2015，29（1）：20−29.

［197］江小涓，靳景. 数字技术提升经济效率：服务分工、产业协同和数实孪生〔J〕. 管理世界，2022，38（12）：9−26.

［198］焦豪，杨季枫，应瑛. 动态能力研究述评及开展中国情境化研究的建议〔J〕. 管理世界，2021，37（5）：191−210.

［199］焦豪，杨季枫. 数字技术开源社区的治理机制：基于悖论视角的双案例研究〔J〕. 管理世界，2022，38（11）：207−232.

[200] 解学梅，王宏伟. 开放式创新生态系统价值共创模式与机制研究 [J].
科学学研究，2020，38（5）：912—924.

[201] 金珺，陈赞，李诗婧. 数字化开放式创新对企业创新绩效的影响研究——以知识场活性为中介 [J]. 研究与发展管理，2020，32（6）：39—49.

[202] 李国昊，梁永滔，苏佳璐. 破除数字平台企业算法黑箱治理困境：基于算法透明策略扩散研究 [J]. 信息资源管理学报，2023，13（2）：81—94.

[203] 李玲，陶厚永. 数字化导向与企业数字化创新的关系研究 [J]. 科学学研究，2023，41（8）：1507—1516.

[204] 李鹏利. 基于多维异质性的企业间价值共创实现机理及路径研究 [D]. 太原：山西财经大学，2021.

[205] 李树文，罗瑾琏，葛元骎. 大数据分析能力对产品突破性创新的影响 [J]. 管理科学，2021，34（2）：3—15.

[206] 李韬，冯贺霞. 平台经济下垄断、竞争与创新研究 [J]. 经济学家，2023（7）：87—96.

[207] 李万利，潘文东，袁凯彬. 企业数字化转型与中国实体经济发展 [J]. 数量经济技术经济研究，2022，39（9）：5—25.

[208] 李维安，李勇建，石丹. 供应链治理理论研究：概念、内涵与规范性分析框架 [J]. 南开管理评论，2016，19（1）：4—15.

[209] 李晓冬，王龙伟. 基于联盟知识获取影响的信任与契约治理的关系研究 [J]. 管理学报，2016，13（6）：821—828.

[210] 李煜华，张敬怡，褚祝杰. 技术动荡情境下数字化技术赋能制造企业服务化转型绩效研究——基于资源能力的链式中介作用 [J]. 科学学与科学技术管理，2022，43（11）：161—182.

[211] 李振东，梅亮，朱子钦，等. 制造业单项冠军企业数字创新战略及其适配组态研究 [J]. 管理世界，2023，39（2）：186—208.

[212] 廖民超，金佳敏，蒋玉石，等. 数字平台能力与制造业服务创新绩效——网络能力和价值共创的链式中介作用 [J]. 科技进步与对策，2023，40（5）：55—63.

[213] 刘宏，高天放，白胜男，等. 营销渠道中的非正式治理策略与投机行为匹配关系——基于多案例研究 [J]. 管理案例研究与评论，2019，12（6）：609—619.

[214] 刘天语,王硕,刘鸿宇."算法制"伦理:数字社会的组织伦理新向度[J]. 自然辩证法研究, 2023, 39 (6): 78−84.

[215] 刘洋,董久钰,魏江. 数字创新管理:理论框架与未来研究[J]. 管理世界, 2020, 36 (7): 198−217.

[216] 柳卸林,董彩婷,丁雪辰. 数字创新时代:中国的机遇与挑战[J]. 科学学与科学技术管理, 2020, 41 (6): 3−15.

[217] 卢强,杨晓叶,周琳云. 关系治理与契约治理对于供应链融资绩效的影响研究[J]. 管理评论, 2022, 34 (8): 313−326.

[218] 吕力. 案例研究:目的、过程、呈现与评价[J]. 科学学与科学技术管理, 2012, 33 (6): 29−35.

[219] 吕铁,李载驰. 数字技术赋能制造业高质量发展——基于价值创造和价值获取的视角[J]. 学术月刊, 2021, 53 (4): 56−65.

[220] 马文甲,张琳琳,巩丽娟. 外向型开放式创新导向与模式的匹配对企业绩效的影响[J]. 中国软科学, 2020 (2): 167−173.

[221] 梅亮,陈春花,刘超. 连接式共生:数字化情境下组织共生的范式涌现[J]. 科学学与科学技术管理, 2021, 42 (4): 33−48.

[222] 庞瑞芝,刘东阁. 数字化与创新之悖论:数字化是否促进了企业创新——基于开放式创新理论的解释[J]. 南方经济, 2022 (9): 97−117.

[223] 彭珍珍,顾颖,张洁. 动态环境下联盟竞合、治理机制与创新绩效的关系研究[J]. 管理世界, 2020, 36 (3): 205−220.

[224] 冉佳森,谢康,肖静华. 信息技术如何实现契约治理与关系治理的平衡——基于 D 公司供应链治理案例[J]. 管理学报, 2015, 12 (3): 458−468.

[225] 宋锋森,陈洁. 营销渠道中的企业声誉、合同治理与角色外利他行为[J]. 商业经济与管理, 2020 (6): 56−65.

[226] 苏中锋. 合作研发的控制机制与机会主义行为[J]. 科学学研究, 2019, 37 (1): 112−120.

[227] 孙璐,李力,陶福平. 信息交互能力、价值共创与竞争优势——小米公司案例研究[J]. 研究与发展管理, 2016, 28 (6): 101−113.

[228] 孙永磊,朱壬杰,宋晶. 数字创新生态系统的演化和治理研究[J]. 科学学研究, 2023, 41 (2): 325−334.

[229] 谭云清. 关系机制、契约机制对提供商知识获取的影响[J]. 科研管理,

2017，38（2）：35—43.

[230] 唐源，邵云飞，陈一君. 跨界行为、知识整合能力对企业创新绩效的影响研究：基于知识获取和资源损耗的作用 [J]. 预测，2020，39（4）：31—37.

[231] 田秀娟，李睿. 数字技术赋能实体经济转型发展——基于熊彼特内生增长理论的分析框架 [J]. 管理世界，2022，38（5）：56—74.

[232] 王发明，朱美娟. 创新生态系统价值共创行为影响因素分析——基于计划行为理论 [J]. 科学学研究，2018，36（2）：370—377.

[233] 王红萍. 动态能力、价值共创与竞争优势的关系研究 [D]. 武汉：中南财经政法大学，2019.

[234] 王婧怡. 数字时代算法技术异化的伦理困境与治理路径 [J]. 自然辩证法研究，2023，39（10）：128—131.

[235] 王琳，陈志军. 价值共创如何影响创新型企业的即兴能力？——基于资源依赖理论的案例研究 [J]. 管理世界，2020，36（11）：96—110.

[236] 王苗，张冰超. 企业数字化能力对商业模式创新的影响——基于组织韧性和环境动荡性视角 [J]. 财经问题研究，2022（7）：120—129.

[237] 王强，王超，刘玉奇. 数字化能力和价值创造能力视角下零售数字化转型机制——新零售的多案例研究 [J]. 研究与发展管理，2020，32（6）：50—65.

[238] 王清晓. 契约与关系共同治理的供应链知识协同机制 [J]. 科学学研究，2016，34（10）：1532—1540.

[239] 王文娜，阳镇，梅亮，等. 价值链数字化能产生创新赋能效应吗？——来自中国制造企业的微观证据 [J]. 科学学与科学技术管理，2023，44（2）：33—55.

[240] 王永贵，汪淋淋，李霞. 从数字化搜寻到数字化生态的迭代转型研究——基于施耐德电气数字化转型的案例分析 [J]. 管理世界，2023，39（8）：91—114.

[241] 韦铁，鲁若愚. 多主体参与的开放式创新模式研究 [J]. 管理工程学报，2011，25（3）：133—138.

[242] 魏江，赵雨菡. 数字创新生态系统的治理机制 [J]. 科学学研究，2021，39（6）：965—969.

[243] 吴东，杨洋，朱培忠. 互补资产专用性、关系治理与商业模式设计 [J]. 科研管理，2019，40（3）：104—113.

[244] 吴晓波，房珂一，刘潭飞，等. 数字情境下制造服务化的治理机制：契约治理与关系治理研究 [J]. 科学学研究，2022，40（2）：269-277.

[245] 吴欣桐，张思. 包容性同侪生产：数字内容平台生态系统治理的价值取向与路径选择 [J]. 科学学与科学技术管理，2023，44（9）：3-17.

[246] 武文珍，陈启杰. 价值共创理论形成路径探析与未来研究展望 [J]. 外国经济与管理，2012，34（6）：66-71.

[247] 谢康，夏正豪，肖静华. 大数据成为现实生产要素的企业实现机制：产品创新视角 [J]. 中国工业经济，2020（5）：42-60.

[248] 谢卫红，李忠顺，苏芳，等. 高管支持、大数据能力与商业模式创新 [J]. 研究与发展管理，2018，30（4）：152-162.

[249] 辛本禄，穆思宇. 组态视角下企业服务创新绩效的影响因素研究——基于 fsQCA 的实证分析 [J]. 科学学与科学技术管理，2023，44（3）：169-184.

[250] 闫春，蔡宁. 创新开放度对开放式创新绩效的作用机理 [J]. 科研管理，2014，35（3）：18-24.

[251] 严子淳，李欣，王伟楠. 数字化转型研究：演化和未来展望 [J]. 科研管理，2021，42（4）：21-34.

[252] 阳镇，陈劲，李纪珍. 数字经济时代下的全球价值链：趋势、风险与应对 [J]. 经济学家，2022（2）：64-73.

[253] 阳镇. 数字经济如何驱动企业高质量发展？——核心机制、模式选择与推进路径 [J]. 上海财经大学学报，2023，25（3）：92-107.

[254] 杨亚倩，蔡莉，陈姿颖. 数字平台治理机制对机会集的影响——基于多主体互动视角的研究 [J]. 科技进步与对策，2023，40（15）：1-11.

[255] 杨震宁，侯一凡，李德辉，等. 中国企业"双循环"中开放式创新网络的平衡效应——基于数字赋能与组织柔性的考察 [J]. 管理世界，2021，37（11）：184-205.

[256] 叶竹馨，买忆媛. 探索式即兴与开发式即兴：双元性视角的创业企业即兴行为研究 [J]. 南开管理评论，2018，21（4）：15-25.

[257] 易加斌，张梓仪，杨小平，等. 互联网企业组织惯性、数字化能力与商业模式创新：企业类型的调节效应 [J]. 南开管理评论，2022，25（5）：29-42.

[258] 易锐，夏清华. 开放式创新有助于改善新创企业脆弱性吗？[J]. 科学学研究，2018，36（6）：1096-1118.

[259] 张宝建，裴梦丹，陈劲，等．价值共创行为、网络嵌入与创新绩效——组织距离的调节效应 [J]．经济管理，2021，43（5）：109—124.

[260] 张闯，周晶，杜楠．合同治理、信任与经销商角色外利他行为：渠道关系柔性与团结性规范的调节作用 [J]．商业经济与管理，2016（7）：55—63.

[261] 张华，顾新，王涛．开放性悖论的形成机理与治理对策研究 [J]．中国科技论坛，2019（10）：171—178.

[262] 张华，顾新．数字化能力、开放式创新与企业绩效——创新独占性的调节效应 [J]．科学学与科学技术管理，2023，44（6）：132—149.

[263] 张华，顾新．战略联盟治理对企业突破性创新的影响机理研究 [J]．管理学报，2022，19（9）：1354—1362.

[264] 张洁，安立仁，张宸璐．开放式创新视角下双元与绩效关系研究脉络与未来展望 [J]．外国经济与管理，2015，37（7）：3—18.

[265] 张婧，何勇．服务主导逻辑导向与资源互动对价值共创的影响研究 [J]．科研管理，2014，35（1）：115—122.

[266] 张新民，陈德球．移动互联网时代企业商业模式、价值共创与治理风险——基于瑞幸咖啡财务造假的案例分析 [J]．管理世界，2020，36（5）：74—86.

[267] 张耘堂．数字经济柔性治理的有效性分析 [J]．自然辩证法研究，2023，39（9）：91—96.

[268] 张蕴萍，栾菁．数字经济平台垄断治理策略研究 [J]．经济问题，2021（12）：9—15.

[269] 张振刚，陈志明，李云健．开放式创新、吸收能力与创新绩效关系研究 [J]．科研管理，2015，36（3）：49—56.

[270] 张振刚，户安涛，叶宝升．制造企业数字创新的过程机制及其对企业绩效影响研究 [J]．外国经济与管理，2024，46（6）：83—97.

[271] 赵宏霞，徐光明，赵慧娟．平台生态嵌入、数据治理与参与者企业数字创新绩效 [J]．管理学刊，2023，36（3）：68—84.

[272] 赵振．开放式创新效能提升的制度基础：关系治理还是契约治理 [J]．科技进步与对策，2016，33（1）：101—107.

[273] 周晶．营销渠道中的经销商揭发行为：驱动因素与影响结果 [D]．大连：东北财经大学，2021.

[274] 周文辉．知识服务、价值共创与创新绩效——基于扎根理论的多案例研

究［J］. 科学学研究，2015，33（4）：567－573.

［275］朱良杰，何佳讯，黄海洋. 数字世界的价值共创：构念、主题与研究展望［J］. 经济管理，2017，39（1）：195－208.

［276］朱明洋，张玉利，曾国军. 网络自主权、企业双元创新战略与商业模式创新关系研究：内部协调柔性的调节作用［J］. 管理工程学报，2020，34（6）：66－78.

［277］朱勤，孙元，周立勇. 平台赋能、价值共创与企业绩效的关系研究［J］. 科学学研究，2019，37（11）：2026－2033.

［278］邹德建，张乐，任维德. 基于数字治理的科技资源整合与共享研究［J］. 科学管理研究，2023，41（3）：89－97.

后　记

　　本书是国家社会科学基金一般项目"数字经济下企业开放式创新的价值共创机制与协同治理研究"（21BGL068）的最终成果。开放式创新的概念自2003 年由 Chesbrough 教授首次提出，经过 20 余年的发展，已成为创新管理理论的一个重要分支。在此期间，科技革命与产业变革加速演进，世界经济格局也随之发生根本性改变，一系列新问题、新现象推动开放式创新理论不断完善。本书以数字经济为背景，旨在探讨企业在数字化转型过程中实施开放式创新的价值共创机制及其协同治理问题，希望为数字经济下开放式创新的理论建构创造边际贡献。

　　笔者对开放式创新的研究兴趣始于 2017 年。当时，正值经济全球化深入发展，开放式创新已成为企业应对市场竞争的主流创新范式。然而，很多企业发现，开放式创新虽然拓展了组织边界和利润空间，但也造成了知识共享与知识保护的对立。企业既要与外界建立广泛的合作关系来促进知识共享，也要妥善保护自身的专业知识以避免合作伙伴的模仿与复制，"开放性悖论"随之产生。在不同场合与企业高层管理人员的交流中，笔者发现"开放性悖论"是困扰企业创新管理的一个普遍现象，因此在 2017 年将研究兴趣转向开放式创新。其后的两年间，笔者尝试从形成机理、交易成本、过程管理等角度，针对"开放性悖论"开展了探索性研究，对开放式创新的理论与实践形成了初步认识。随着数字经济的兴起，企业的外部环境、资源禀赋、创新行为都发生了颠覆性变革，为开放式创新提供了新的发展机遇，也带来了前所未有的挑战。数字经济以数字化转型为表征，促进企业与外界的互联互通，但也产生了数据垄断、算法歧视等新问题，阻碍开放式创新的实践普及。从 2021 年起，笔者开始关注数字经济下的企业开放式创新问题，并在同年获得国家社会科学基金的资助，研究企业在数字化转型中实施开放式创新的价值共创机制、跨组织合作风险及其治理策略。经过近三年的研究，笔者和课题组成员围绕开放式创新价值共创机制与数字赋能的互动机理、开放式创新跨组织合作风险的表现与内在动

因、开放式创新跨组织合作风险的协同治理等问题形成了系列研究成果，发表
CSSCI 来源期刊论文 6 篇，顺利地完成了国家社会科学基金项目的研究工作。

　　本书的研究得到全国哲学社会科学工作办公室、广东省哲学社会科学规划
专项小组、肇庆学院科学技术部、肇庆学院经济与管理学院的大力支持；四川
大学商学院顾新教授，广东亚视演艺职业学院丁孝智教授，肇庆学院经济与管
理学院李华军教授、盛革教授、李希博士、蒋勇博士对本书的研究框架、技术
路线和实证分析部分提出了很多宝贵意见；肇庆学院科学技术部徐士河部长对
本书的出版提供了帮助和指导，在此表示衷心感谢。感谢四川大学出版社梁平
老师为本书出版付出的辛勤劳动。感谢所有参考文献的作者，他们的研究成果
给本书提供了有益借鉴，参考文献的引用标注若有遗漏，还望海涵。

　　近年来，全球经济发生深刻变化，企业开放式创新的理论与实践迎来新变
化、新挑战。我们将继续关注开放式创新研究，并不断充实与完善新情境的研
究内容，为推动我国的产业发展、促进创新型国家建设提供有价值的理论
支持。

　　由于研究水平所限，本书还存在诸多不足之处，对具体问题的分析尚不够
全面和深入，有待于进一步完善，敬请各位专家指正。

张　华

2025 年 5 月